M. Zytztz va sur Mars

Noël M. Loomis

Writat

Cette édition parue en 2024

ISBN : 9789359941318

Publié par
Writat
email : info@writat.com

Selon les informations que nous détenons, ce livre est dans le domaine public. Ce livre est la reproduction d'un ouvrage historique important. Alpha Editions utilise la meilleure technologie pour reproduire un travail historique de la même manière qu'il a été publié pour la première fois afin de préserver son caractère original. Toute marque ou numéro vu est laissé intentionnellement pour préserver sa vraie forme.

Contenu

CHAPITRE I

Hommes sans position debout

Le commandant Pickens regardait le cadet Healey par-dessus son bureau. Son visage souriait, mais ses yeux étaient comme de la glace bleue. "Nous sommes une Légion des Condamnés", a déclaré le commandant.

Le cadet Healey a répondu : « Oui, monsieur. »

Pickens se pencha en avant. "Le Rocket Service est un dépotoir pour les hommes qui sont retirés du service actif. Il n'y a pas de criminels ou de non-marchands - ce genre de personne n'a jamais été admis dans les Air Marines - mais ce sont des hommes qui, pour une raison ou une autre, ont eu de la malchance. . Ce n'est pas de leur faute, mais la tradition des International Air Marines est qu'aucun officier ne perd jamais un navire sauf par l'action de l'ennemi.

"Oui Monsieur."

"Il est revenu à sa qualification de cadet, qui n'est pas une qualification du tout. Il n'est pas un officier et il n'est pas un homme enrôlé. Il ne pourra plus jamais gagner une commission aussi longtemps qu'il vivra. L'appeler cadet n'est qu'une façon de l'étiqueter. c'est un échec. Vous le savez, n'est-ce pas ? »

"Oui, monsieur. Ce sont des fausses couches comme moi."

Les yeux bleus de Pickens avaient désormais des lumières au fond. C'était un homme d'une taille légèrement inférieure à la moyenne, d'âge moyen, solidement bâti, au visage lisse et à moitié chauve.

"Nous venons ici pour trouver une solution. Secrètement, chacun d'entre nous espère briser la tradition liée au fer. Nous ne l'admettons généralement pas et nous savons que personne ne l'a jamais brisé. Nous avons nos vies à perdre dans cette affaire. le Rocket Service, et rien à gagner, pas même nos anciens grades. Tant que nous vivrons, nous serons officiellement des cadets et nous toucherons une solde de cadet. Les règles disent qu'aucun homme n'a besoin de plus d'une chance. , n'est-ce pas, cadet Healey, qu'il ne sert à rien d'espérer ? »

"Oui Monsieur."

"Qu'il ne sert à rien de risquer nos vies en essayant de voler vers la Lune et d'en revenir ?" Pickens a insisté.

"Oui Monsieur."

Le commandant Pickens se pencha en avant. Maintenant, ses yeux étaient intenses. "Alors vous comprenez cela dès le début. Cadet Healey : nous allons sur Mars !"

Healey ouvrit les yeux et regarda Pickens pour la première fois. "Tu me donnes presque l'impression que nous *allons* sur Mars," dit-il lentement.

"Nous sommes deux cents ici à avoir cette seule idée."

Healey était un peu impressionné par l'intensité du commandant. Les choses ne se déroulaient pas comme Healey l'avait prévu lorsque le pick-up gyroscopique l'avait rencontré à Wamsutter et l'avait transporté à travers le désert, au nord-ouest de Rawlins. Il avait vaguement pensé que la base du Rocket serait une bande de zombies, mais maintenant, en regardant le commandant Pickens, il était impressionné par le sentiment qu'ils étaient bien vivants, et plus encore, que peut-être lui-même était à nouveau vivant. Pickens lui avait dit qu'il n'y avait aucune chance de briser les règlements bicentenaires des Air Marines, mais maintenant, malgré cela, Healey commençait à se demander comment les Marines pouvaient ignorer les hommes qui devraient faire le premier vol vers Mars.

"Nous formons nos propres rangs ici", a déclaré Pickens. "Ils ne sont pas officiels, bien sûr, mais comme vous étiez parmi les dix premiers de la classe de vingt et un dix-sept ans, je vous promeut au rang de sous-lieutenant."

"Merci Monsieur."

"Maintenant, alors…" Pickens ramassa un lourd dossier. "Vous êtes un Healey. Depuis cinq générations consécutives, les Healey ont fourni des amiraux dans les International Air Marines, et vous vous attendiez à être la sixième." Il n'a pas attendu de réponse. "Mais vous avez choisi un sujet malheureux pour votre thèse, et vous avez donc obtenu votre diplôme de cadet uniquement."

"Oui Monsieur."

Pickens le regarda attentivement. "Je suppose que ton père ne pouvait même pas assister aux exercices. Les règlements interdiraient à un amiral de serrer la main d'un cadet diplômé."

"C'est vrai, monsieur."

Pickens le regarda fixement, puis sa voix devint douce :

"Nous allons sur Mars, lieutenant, et nous verrons si les Air Marines peuvent l'ignorer. Les hauts gradés pensent qu'ils nous ont enterrés ici. Vingt-deux navires ont quitté cette base au cours des cent cinquante années qui se sont écoulées depuis son lancement. a été créé en 1960. Aucun n'est jamais revenu et a atterri en toute sécurité. Aucun homme sur aucun des vingt-deux n'a survécu pour revenir sur Terre. je vais sur Mars !" Il y avait du défi dans sa voix et une détermination mortelle dans ses yeux bleus.

Healey se redressa. Ses yeux s'ouvrirent un peu. "Oui, monsieur. Je suis en faveur de cela, monsieur."

"Maintenant, alors", a déclaré Pickens. "Je suis intéressé par ce devoir qui t'a fait mal à l'école."

Healey commença à paraître alerte. "Oui, monsieur. Il s'agissait de l'Atlantide et de la Lémurie."

"Je sais. Tout sauf original. Vous avez passé en revue certaines preuves qui sont la propriété commune depuis des milliers d'années, tendant à montrer qu'un corps lourd en fuite est passé près de la Terre vers l'an neuf mille avant JC et a provoqué des bouleversements qui ont laissé à la fois l'Atlantide et la Lémurie. au fond de leurs océans respectifs. »

"Oui Monsieur." Pour la première fois, un ton léger apparut dans la voix de Healey. "Mais lorsque le document est parvenu au sénateur Romulus P. Philipuster , président de la commission des affaires militaires, le bouleversement a été encore plus grand."

Pickens rit. "Je peux très bien l'imaginer." Il regarda dans le vide. "Le vieux sénateur Stevens était un grand mécène de la recherche. Il a parrainé l'expédition sous-marine du gouvernement vers l'Atlantide, et je suppose qu'il y a investi une bonne partie de sa fortune personnelle. Mais est arrivé un Philipuster , jeune et ambitieux. Stevens était connu comme un C'est un problème difficile à résoudre, mais Philipuster a choisi le point faible le plus probable et a mené une campagne économique. Il a ridiculisé Stevens pour avoir dépensé de l'argent dans un monde fantastique et, un soir, dans un discours, il a fait la remarque qu'il n'y avait pas d'Atlantide et qu'il n'y en avait jamais eu. quiconque en doutait pouvait aller chercher par lui-même.

"Il essayait probablement juste d'être drôle, mais cela a fait son chemin. Philipuster est devenu connu comme l'homme qui a prouvé que l'Atlantide était un mythe, et il a été élu. Il aurait probablement souhaité parfois ne pas avoir fait cette fissure, mais il ne pouvait pas. reculez parce que le parti ne l'a pas laissé faire. Ensuite, vous êtes arrivé et vous l'avez jeté à la face. Les dirigeants du parti étaient indignés et ont exigé que Philipuster fasse quelque chose, alors vous avez été choisi pour le sacrifice.

"Il semble que ce soit le cas, monsieur," dit Healey d'un ton morose.

Le visage de Pickens était sombre lorsqu'il prononça les mots suivants.

"Un homme doit toujours faire attention à ce qu'il dit, même dans le feu d'une dispute, car il y a toujours une chance que quelqu'un le croie." Il regarda attentivement Healey. "Le pire, c'est que chacun d'entre nous peut faire la même chose que Philipuster quand il s'y attend le moins."

"Pas moi, monsieur", dit Healey avec sérieux. "J'ai appris ma leçon. Je ne ferai jamais une remarque vaine qui pourrait blesser quelqu'un d'autre."

"Eh bien, espérons-le. Au fait, votre article a fourni des preuves considérables que les soi-disant Lémuriens possédaient le secret pour contrecarrer la gravité."

"Oui Monsieur."

Pickens le regarda. "Si nous avions ce secret ici, Lieutenant, quel gain de temps ce serait !"

Les yeux de Healey commencèrent à briller. " Vous avez raison, monsieur. Je ne l'avais pas vraiment connecté. Un voyage en fusée serait un jeu d'enfant, n'est-ce pas ? Nous irions rapidement sur Mars. "

Pickens hocha la tête. "Je me demande pourquoi Philipuster vous a envoyé ici", dit-il. « Est-ce qu'il vous met délibérément dans un endroit où vous pouvez riposter ?

Healey regarda Pickens. Le vieil homme n'était ni amer ni cynique, comme il aurait pu l'être. Il ripostait, oui. C'était un rebelle aux dents découvertes. Mais il ne combattait pas Philipuster ni même les gros gradés des Air Marines. Son combat était contre les coutumes cachées des Marines.

Healey, lui aussi, a commencé à voir sans aucun doute que le seul espoir de briser cette tradition bicentenaire était de faire quelque chose d'extraordinaire, quelque chose de constructif et dont le monde entier parlerait et respecterait.

"Oui, monsieur", dit-il, et sa voix pour la première fois était vibrante d'espoir. "Peut-être que oui. Quand partons-nous pour Mars, monsieur ?"

Mais il s'en est suivi trois années de travail acharné avant de pouvoir se lancer. Le commandant Pickens connaissait son affaire. Il était minutieux et il était un conducteur et un leader. Le jeune lieutenant Healey l'a découvert très vite. Et il a également découvert que tous les hommes de la base se battaient pour le droit de monter avec Pickens et le navire.

Le Conseil mondial leur a alloué beaucoup d'argent dans l'intérêt de la recherche. Pickens engagea des cow-boys des ranchs , des mineurs des montagnes et des agriculteurs des terres arides du Wyoming pour effectuer le travail manuel, tandis qu'eux, les deux cents anciens officiers et Healey, qui n'avait jamais été officier, travaillaient jour et nuit. et entre les temps.

Ils préparèrent le navire. C'était un gros canon, mesurant près de huit cents pieds de long, et ils l'avaient construit dans une énorme rampe de lancement au milieu du désert, où il ne ferait de mal à personne s'il explosait. L'énergie atomique n'était pas adaptée au transport aérien. La propulsion provenait des moteurs de fusée conventionnels, mais avec des tuyères améliorées et un nouveau carburant à base d'azote qui avait plus de puissance que la nitroglycérine jamais produite.

Healey a constaté que l'espoir secret de chaque homme était imprégné de tout leur travail : s'ils réussissaient, ils briseraient la tradition d'acier des Air Marines. Peut-être que d'autres, à part Healey, avaient des pères dans le service. Healey ne le savait pas. Aucun d'eux n'en a jamais parlé. Ils ont seulement travaillé.

Quant au vaisseau, ils savaient qu'il pouvait décoller et qu'il pouvait dépasser la vitesse critique ; c'était revenir sur Terre vivant qui était le problème.

CHAPITRE II

Aventurez-vous dans l'espace

Ce n'est qu'à 21 h 20 qu'ils chargent le matériel pour le décollage. Les deux cents anciens officiers de la meilleure organisation militaire de la planète gravirent les échelons. Healey était avec Pickens dans la salle de contrôle.

Il entendit le commandant donner l'ordre de fermer les écoutilles, puis il se rendit compte que son sentiment de dépression était dû au fait que son père n'avait reçu aucune nouvelle, pas même de bons vœux. Il n'avait pas eu de nouvelles de l'Amiral depuis le jour de la remise des diplômes, et ça lui faisait mal. Bien sûr, le vieux monsieur leur épargnait à tous les deux des ennuis en oubliant leur relation, mais cela faisait mal. Et le lieutenant savait que cela blesserait probablement l'amiral bien plus que lui...

Ils ont décollé, mais ce n'était pas inhabituel.

"Rappelez-vous," dit sombrement Pickens à Healey, "nous sommes le dix-septième à décoller en toute sécurité. Tout ce feu et ce tonnerre sont tout aussi dangereux qu'il y paraît."

"Oui, monsieur", dit Healey, mais dans son cœur il y avait une chanson, une chanson virile des vaisseaux spatiaux , des hommes et des étoiles, une chanson comme il savait que les hommes chanteraient pendant un milliard d'années.

Ils l'avaient baptisée *Phoebus*, le dieu solaire , et elle portait bien son nom. En huit heures, ils repérèrent un lieu d'atterrissage sur la Lune. Une heure plus tard, ils étaient assis. Le *Phoebus* s'est comporté comme un rêve. Elle s'est blottie sur la roche volcanique nue et le commandant Pickens a calmement écrit un message que l'officier radio devait transmettre à la Terre :

PHÉBUS ARRIVA AU PORT CONFORMÉMENT AUX ORDRES. TOUTES LES MAINS EN SÉCURITÉ. Et il ajouta deux mots qui rappelaient sinistrement le sort des anciens navires : NAVIRE INTACT .

Oui, Pickens avait l'air assez calme, pensa Healey, à l'exception de ses yeux. Le reste de son visage était fade, sans émotion, mais ses yeux brillaient d'un feu féroce et avide dans leurs profondeurs bleues.

"Lieutenant", dit-il, et il ne pouvait empêcher la jubilation de sa voix, "nous sommes là!"

Puis il dit fièrement : « Lieutenant, vous prendrez un groupe de six hommes et planterez le drapeau du Conseil mondial.

Avec ses doigts nerveux, Healey attacha sa volumineuse combinaison pressurisée, conduisit ses hommes dans le sas, gravit un affleurement de granit avec la sensation de la substance lunaire sous ses pieds, plaça le mât du drapeau dans une fissure et l'y coinça avec des pierres détachées, tandis que la garde d'honneur était au garde-à-vous. Il recula et salua le drapeau, puis ils se dirigèrent vers le *Phoebus* .

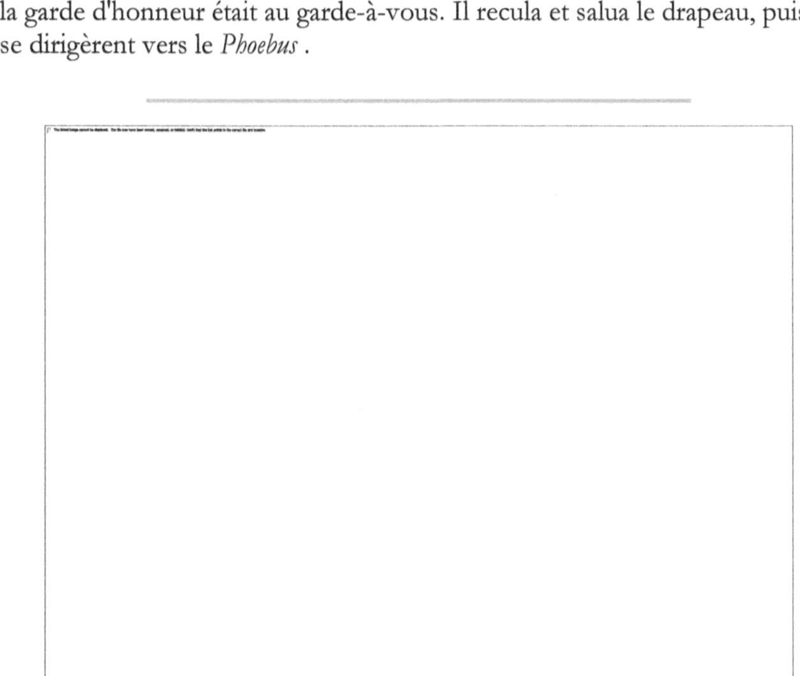

Il coinça le mât du drapeau dans une fissure tandis que la garde d'honneur se tenait au garde-à-vous.

L'ensemble de l'équipage du navire était au garde-à-vous lorsque Healey arrivait du sas, et il pouvait lire sur tous les visages le plaisir de savoir qu'ils se trouvaient sur un sol non terrestre. Sur de nombreux visages également, principalement ceux des hommes les plus jeunes, il voyait l'espoir qui les animait depuis le début : que c'était fini, que les Air Marines ne pouvaient plus les ignorer.

Deux heures plus tard, Healey a sorti le runabout fusée-gyroscope et a enquêté sur les trois épaves des vols précédents. Les corps s'étaient momifiés à cause du manque d'air et d'humidité. Ils ont rassemblé les journaux de bord du navire sur deux des épaves. L'autre vaisseau avait explosé et brûlé – ou plutôt, il avait fusionné. C'était une masse solide de métal, comme de la glace fondue au soleil.

Ils ont sorti tous les corps qu'ils ont pu récupérer pour les enterrer sur Terre. Ils ont laissé une cache de provisions pour les futurs voyageurs ; ils ont rassemblé des informations ; ils ont peint une énorme croix en aluminium sur le rocher que les télescopes de 100 pouces sur Terre pouvaient voir, de sorte que même les plus sceptiques de leurs critiques seraient incapables de nier que le vaisseau de Pickens avait atterri.

À la toute fin, Healey a peint un petit visage faisant un long nez.

"Cela", dit-il judicieusement, "devrait donner matière à réflexion aux scientifiques du bol de quatre cents pouces de l'Aconcagua."

Pendant tout ce temps, le commandant Pickens était assis à l'intérieur du *Phoebus* avec un air sombre sur le visage et une lumière lointaine dans ses yeux bleus. Ils se préparèrent à décoller et Healey dit :

"Monsieur, vous n'allez pas mettre le pied sur la Lune ?"

Pickens se tourna vers lui avec un air presque fanatisme. "La Lune est une petite chose. Je ne quitte pas ce vaisseau pour aller sur une autre planète avant d'arriver sur Mars."

Ils sont partis. C'était un peu dur de monter dans les airs. La poupe *du Phoebus* a un peu traîné sur la poussée et a ouvert quelques coutures contre la crête où était planté le drapeau mais le drapeau n'a pas été dérangé, et on a soudé les fissures au retour, derrière des cloisons fermées.

Huit heures après le décollage, ils se posaient à nouveau au-dessus du désert du Wyoming. Ils atterrirent à nouveau sains et saufs, et cette fois le monde entier était là pour les accueillir – le monde entier, à l'exception des International Air Marines. S'il y avait un officier des Marines présent, il devait se faire passer pour une armoise, mais il y avait trois cent mille civils fous dans le désert, et presque autant de journalistes - et pour les journalistes qui n'avaient pas eu de véritable nouvelle depuis la bombe atomique en 1945, c'était le rêve de tout scanner vidéo....

Eh bien, ils étaient allés sur la Lune et ils étaient revenus. Ils ont été convoqués par le Président. Ils ont reçu des médailles. Le Congrès leur a voté la rémunération de leur statut « inactif » et a élevé le rang de chacun. Ils ont tout obtenu, sauf ce qu'ils voulaient le plus. Apparemment, les gros gradés des Air Marines n'ont pas regardé les reportages vidéo.

Le lieutenant Healey et le reste des deux cents hommes furent déçus et découragés – tous sauf le commandant – maintenant capitaine – Pickens.

"Non," dit-il. "Je ne pensais pas qu'un petit voyage sur la Lune changerait quoi que ce soit. Mais attendez qu'on revienne de Mars !"

Healey regarda pensivement le capitaine. Pour la première fois, il réalisa que Pickens avait également à cœur sa réintégration. Mais Pickens était plus pratique que les autres. Il avait été capitaine dans les Air Marines. Il savait à quel point ils étaient difficiles à casser.

Ils sont retournés au travail. Le capitaine Pickens ne prêta attention à rien d'autre qu'au *Phoebus* . La lueur apparaissait dans ses yeux bleus et ses mâchoires se serraient et il disait : « Nous allons sur Mars ! Et tout le monde le savait.

Ils effectuèrent plusieurs voyages sur la Lune au cours des deux années suivantes, acquérant des informations, de l'expérience et de la dextérité dans la manipulation du *Phoebus* . Ils ont reçu une mission de cinq cents techniciens marins par l'intermédiaire du Bureau de météorologie pour aider à construire un plus grand navire, et la quille a été posée.

Mais le capitaine Pickens ne pouvait pas attendre le plus gros navire. En 2122, ils décollèrent pour Mars. Pickens avait appelé Healey la nuit précédente.

"Vous êtes un Marine dans tous les sens du terme, Healey. Je vous nomme lieutenant-commandant. Vous continuerez à être mon adjudant."

"Merci Monsieur."

"Je l'ai mis sur la vidéo pour que ton père le voie", dit Pickens, soudain d'une voix douce. "Je sais qu'il aimerait savoir."

Healey fut surpris. « Le connaissiez-vous, monsieur ?

Les mâchoires de Pickens se serrèrent. "J'ai piloté un croiseur sous les ordres de votre père. Il est à 1 million pour cent. Il s'est battu pour moi jusqu'au bout. Et il rêvait du moment où vous auriez votre propre navire, Commandant."

"Oui, monsieur," murmura Healey. Il était difficile de parler malgré la boule dans sa gorge.

Ce fut un voyage fluide, presque monotone. Neuf jours plus tard, ils amenèrent le *Phébus* sur l'alcali rouge de Mars. C'était l'après-midi et le soleil était au-dessus, clair et distinct, mais sa lumière était assez faible.

Healey tremblait d'excitation, mais tremblait intérieurement. Il gardait son visage calme tandis qu'il regardait autour de lui et il savait que chacun des deux cents hommes, même s'ils étaient désormais des astronautes endurcis, ressentait exactement la même chose que lui. Les officiers sur la passerelle regardèrent Pickens. Le capitaine prit une profonde inspiration et dit à Healey :

"Commandant, la serrure ne sera ouverte que le matin. Les chimistes, les biologistes, etc. doivent avoir le temps de faire leurs analyses. Ce n'est pas la Lune, vous savez." Il regarda Healey d'un air perçant.

Healey hocha la tête. "Non, monsieur, ce n'est pas le cas."

Cette dernière phrase de Pickens exprimait les sentiments de tous, Healey le savait, même si personne ne faisait de commentaire. La Lune semblait désormais être une petite chose. La Lune faisait réellement partie de la Terre, mais Mars – Mars était une véritable planète à part entière, et non un satellite de la Terre. Maintenant, ils étaient vraiment des voyageurs interplanétaires, et c'était un peu effrayant.

Il y eut des problèmes de rhum cette nuit-là, une gueule de bois de l'ancienne marine britannique, et chaque officier de l'état-major du capitaine tua une pinte du meilleur scotch, et personne ne dormit. Tout le monde prétendait avoir trop de choses à faire. À la lumière du jour, tous les hommes qui pouvaient s'approcher d'un hublot en quartz essayaient de voir dehors, et le Vieil Homme – ils s'étaient arrogé la prérogative de désigner Pickens dans son dos avec ce terme respectueux d'irrespect – le Vieil Homme regardait le verre dépoli. écran de sa vidéo.

« Commandant, » dit-il à Healey, « qu'en pensez-vous ?

Healey le regarda fixement et fronça les sourcils. Hier, il n'y avait eu que de l'alcali rouge. Ce matin, le grand navire était entouré de centaines de ce qui ressemblait à des plantes centenaires géantes.

Ils étaient aussi grands qu'un homme et leurs « feuilles » s'agitaient sans cesse.

"Je ne sais pas, monsieur," dit Healey dans un instant, "mais cela n'a pas l'air trop dangereux."

Après quelques discussions lors d'une réunion du personnel, Pickens a ordonné l'ouverture du sas et Healey a été envoyé avec une équipe d'atterrissage en combinaison pressurisée pour installer le premier drapeau du Conseil mondial sur une planète étrange.

Lorsqu'ils sortirent , ils furent complètement entourés de plantes centenaires. Healey avait trop peur pour être ravi. Il ne voyait pas comment les plantes centenaires pourraient leur nuire, à moins qu'elles ne soient venimeuses, mais c'était une terre étrange, un monde différent, et cela ne ressemblait pas du tout à la Lune.

Mais Healey ne voulait pas laisser voir aux hommes qu'il avait peur. Il dit d'un ton sérieux : "Nous allons trouver une ouverture ici, traverser ces usines et placer le drapeau assez loin pour qu'il ne soit pas brûlé par le souffle de la fusée."

Ils s'approchèrent du mur de plantes avec précaution. Certains d'entre eux étaient plus grands que Healey. Il cherchait une pause dans leurs rangs. « Cela simplifierait les choses s'ils bougeaient », pensa-t-il, et à ce moment un chemin se forma de manière inattendue devant lui.

Les plantes reculaient de chaque côté et leur laissaient un chemin.

CHAPITRE III

Déménagement de plantes

Avec précaution, la fête s'est étendue sur quelques centaines de mètres, avec Healey marchant avec confiance pour que les hommes ne devineraient pas ce qu'il ressentait. Après tout, il n'avait que vingt-six ans et il portait les galons de commandant, même s'ils n'étaient pas officiels. Un marin armé d'un traîneau enfonçait un pieu de fer dans la terre dure. Ils levèrent le drapeau et présentèrent les armes, puis ils revinrent immédiatement au *Phébus* .

Comme auparavant, les plantes leur ont ouvert un chemin. Healey poussa une profonde inspiration de soulagement, mais il se sentit mal à l'aise et resta au sol jusqu'à ce que les autres hommes soient à l'intérieur. Il était à dix pieds de l'échelle de Jacob et était prêt à suivre les hommes à l'intérieur lorsqu'il entendit un léger bruit et regarda autour de lui pour voir les plantes se presser autour de lui.

C'était étrange. Les longues feuilles s'agitaient et dansaient, et un bruit provenait de chacune d'elles qui ressemblait à celui du vent soupirant à travers les pins.

Le commandant Healey était terrifié. Il fit un pas en arrière et une plante géante, haute de neuf pieds, glissa sur l'alcali et s'arrêta devant lui, entre lui et l'échelle. Ses feuilles gesticulaient et cet étrange bruissement en sortait en un ruisseau brisé, avec des pauses, des pauses et des variations qui donnaient presque l'impression d'une personne qui parle.

Healey a eu une soudaine vision cauchemardesque d'être capturé par des créatures qui n'étaient même pas terrestres. Il se glissa sous une feuille agitée et courut vers l'échelle. Il l'a tiré dessus, l'a saisi après lui et a claqué la trappe.

Cinq minutes plus tard, toujours tremblant, il se présente au personnel.

Il se rendit bien compte que, l'espace d'un instant, il avait perdu la tête.

Il avait couru et il se demandait ce que pensait le vieil homme. Maintenant qu'il faisait face au capitaine, il pensait qu'il aurait été préférable d'être captif de Mars plutôt que de laisser le Vieil Homme penser qu'il était un lâche.

Mais Pickens le regardait simplement avec désinvolture.

"C'est une sacrée sensation, n'est-ce pas, Commandant, d'être sur une planète étrange ?" il a observé.

Healey respira plus facilement et commença à reprendre le contrôle de lui-même. Maintenant que le Vieil Homme lui avait pardonné, il était capable de se ressaisir.

Le Vieil Homme fut le premier à le contre-interroger, puis le biologiste du navire prit le relais.

Le biologiste a posé des questions sur les plantes.

"J'essaie de décider s'ils doivent être classés comme 'humains'", expliqua-t-il au Vieil Homme. "Ils sont incontestablement mobiles et probablement sensibles."

D'une manière ou d'une autre, le mot « humain » a mal frappé Healey. Il était commandant du Rocket Service, et pouvait-il laisser entendre qu'il avait fui quelque chose d'humain ? Il a parlé rapidement.

"Ils ne pouvaient pas être humains", a-t-il déclaré. "Ils n'ont pas d'yeux."

Le vieil homme regarda Healey. Le biologiste avait probablement sa propre définition du terme « humain », mais il n'a pas eu l'occasion de dire quoi que ce soit. C'était une toute nouvelle expérience pour les Terriens, et comme il n'y avait pas de précédent, le Vieil Homme a créé son propre précédent sur-le-champ.

"Je pense que le commandant a raison", dit-il lentement. "Je ne pense pas qu'une créature serait humaine si elle n'avait pas d'yeux."

Et là, c'est resté. Ils n'avaient pas d'yeux, donc ils n'étaient pas humains.

Au cours des deux semaines suivantes, le *Phoebus* envoya des équipes d'exploration. Le géologue a localisé quelques gisements prometteurs de plutonium, mais il n'y avait aucun signe de vie ailleurs que dans les plantes centenaires, immédiatement étiquetées Martiennes.

Le capitaine Pickens lui-même quitta finalement le *Phoebus* pour palper la terre d'une autre planète. Il essaya d'en ramasser une poignée, mais c'était dur et durci.

L'ensemble de l'équipage était soumis aux ordres stricts du Conseil Mondial de ne causer aucun mal à aucun être vivant, et surtout de ne rapporter aucun spécimen d'être vivant ou de plante. Tout homme qui aurait tenté de toucher l'un des Martiens aurait été traduit en cour martiale. Un jeune enseigne, Marvin Browne, s'est plaint à Healey qu'ils étaient là au port et que le vieil homme ne lui laissait même pas obtenir un numéro de téléphone.

"Peu importe", a déclaré Healey. "C'est un grand univers."

Les Martiens se rassemblaient toujours et essayaient de monter à bord du navire lorsque l'écluse était ouverte. Le plus grand, celui qui avait effrayé Healey le premier matin, était particulièrement persistant, et cela agaçait Healey.

La grande plante centenaire se promenait toute la journée autour du navire - les Terriens ne pouvaient pas savoir où elle allait la nuit, mais ils disparaissaient - en faisant cet étrange bruissement, jusqu'à ce que finalement l'enseigne Browne l'appelle "M. Zytztz ". et à partir de ce moment-là, il s'appelait Zytztz ....

Pour éviter de faire frire les Martiens dans l'explosion de la fusée, le *Phoebus* est parti une nuit à minuit alors que les Martiens étaient dans le désert.

"M. Zytztz sera seul quand il reviendra demain matin et nous trouvera partis", dit pensivement le vieil homme au-dessus d'une carte du ciel.

Le commentaire a semblé erroné à Healey. Il se demanda s'il devenait susceptible. "Il ne peut pas être seul, monsieur. Il n'a pas d'yeux."

"Qu'est-ce que ça a à voir avec ça ?"

Cela agaçait encore plus Healey. Le Vieil Homme avait maintenu sa définition dès le premier jour. "S'il n'a pas d'yeux, il ne peut pas être humain, et s'il n'est pas humain, il ne peut pas être seul", a déclaré Healey d'un ton de défi.

Le vieil homme le regarda et dit : " *Hm.* "

Il leur fallut onze jours pour faire le voyage de retour, mais ils étaient occupés à chaque minute. Ils avaient pris des notes exhaustives et pris des milliers de photos aux rayons X, infrarouges, gamma-bleu, bêta-jaune et avec tous les filtres et appareils connus, ainsi que plusieurs centaines de bobines de microfilm. Ils disposaient d'échantillons d'air, de tonnes de spécimens géologiques, de carottages, d'enregistrements de température, de relevés d'humidité, d'enregistrements de rayonnement et de comptages de rayons cosmiques.

Le biologiste avait accumulé une masse étonnante de données pour un homme qui n'avait pas été autorisé à toucher au sujet, et lui et la section botaniste étaient occupés ensemble.

Les WC ont annoncé par radio qu'ils avaient préparé une base pour le *Phoebus* à La Havane, car Table Rock était trop loin dans la nature. Ils estimaient que des millions de personnes se trouveraient partout où le *Phébus* pourrait atterrir et, pour éviter un désastre majeur, ils devaient maintenir les foules dans un centre peuplé où elles pourraient être accueillies.

Lorsque *Phoebus* a atteint la Terre, la réception a été formidable. Le navire a atterri dans le nouveau port spatial qui avait été aménagé à partir d'un ancien aérodrome transatlantique près de la capitale mondiale, et la vidéo indiquait que quinze millions de personnes étaient dans les rues lorsque les hommes du *Phoebus* se sont dirigés vers la salle de réunion. Mais sur les quinze millions, aucun n'était officier de l'International Air Marines. Ce fut un coup dur pour Healey de se rendre compte que les Air Marines les ignoraient toujours. Le capitaine Pickens le remarqua également, et la vieille lueur apparut dans ses yeux qui signifiait : « Nous ne sommes pas encore léchés. Nous irons à Andromède et reviendrons s'il le faut.

Il présenta officiellement son rapport, qui comprenait tous les documents écrits et les preuves physiques provenant de Mars – douze mille livres de rapports et de photographies rien que. Trente-deux scientifiques et leurs équipes avaient beaucoup spéculé. Alors le président du Conseil les informa que tous les hommes à bord du *Phoebus* avaient été élevés à deux grades - officieusement, bien sûr, s'empressa-t-il d'ajouter - mais qu'ils avaient aussi reçu, en vue d'affronter des dangers inconnus, etc., etc., une allocation à vie. de leur plein salaire au taux de leurs nouveaux grades respectifs, sans égard à aucune circonstance ultérieure.

"Ils ont été formidables", a déclaré l'amiral Pickens lorsque lui et le capitaine Healey se sont rendus dans leur suite de l'hôtel International.

"Oui Monsieur." Healey était maussade.

Pickens lui jeta un coup d'œil. "Mais la vérité est, Capitaine, qu'il n'y a pas un seul homme de l'équipage qui ne donnerait pas tout pour un message de bienvenue du seul endroit sur Terre où ils ne l'ont pas reçu."

"C'est difficile pour moi de comprendre", dit Healey, et un peu d'amertume s'insinua dans sa voix avant qu'il ne puisse l'arrêter. "Pourquoi ne peuvent-ils pas se détendre ?"

Pickens hocha la tête. Il y avait une lueur aussi dure dans ses yeux.

" Même pour moi, ça devient un peu difficile à avaler ", dit le vieil homme. "Je suppose qu'il n'y a personne de plus drôle que les gens, à moins que ce ne soient les Zytztzes ."

Healey sentit une réplique sur le bout de sa langue, mais il la réprima.

"Parfois", dit-il, "pour deux centimes, je foutais tout ça et j'organisais mon propre service aérien."

"Vous feriez mieux d'augmenter votre prix", dit sagement le Vieil Homme, "car malgré son caractère étouffant, sa discipline rigide et ses traditions inflexibles - je suppose qu'on pourrait honnêtement dire que c'est peut-être à cause de ces choses - l'International Air Marines est toujours l'organisation militaire la plus glorieuse et la plus exclusive jamais créée sur Terre. Vous devriez le savoir. Vous auriez été le sixième amiral Healey. Le Vieil Homme l'étudia un instant. "Vous espérez toujours", dit-il. "Nous aussi, mais cela devient de plus en plus mince à chaque fois que nous traversons une orbite, je commence à comprendre maintenant ce que j'aurais dû voir il y a longtemps. Les Air Marines ne prendront pas le risque de donner leur approbation pour un feu de paille. Peut-être que si nous y restons toute notre vie... » Il n'a pas fini.

La nuit suivante, le capitaine Healey prenait un verre dans le patio, sans sa tresse, car les parias des Marines ne portaient pas leurs galons en public. Un très grand homme est arrivé et s'est assis sur le siège de l'autre côté de la table.

"Eh bien," dit-il entre deux hoquets , "Je ne sais pas ce que pensent les Air Marines maintenant que les pauvres cadets ont volé leur gloire. Les parias des voies spatiales . Hé, hé ! C'est une bonne question. Les parias des voies spatiales donnent aux Air Marines un air de merde ! "

Le capitaine Healey se leva et resta solidement debout dans son uniforme bleu-vert, sans rayures, sans décorations, sans tout sauf les boutons en or massif des Air Marines.

"Monsieur, vous êtes ivre", dit-il. "Tu ne sais pas ce que tu dis."

Le grand homme se leva et il mesurait une tête de plus que Healey et deux fois plus large. Étonnamment, il ne vacillait pas lorsqu'il se levait.

"Écoutez, Monsieur." Il a posé un énorme index sur la poitrine de Healey, et si Healey n'avait pas été renforcé, il aurait été poussé. "Les Air Marines vous ont fait passer une sale affaire, et pour ma part, je suis content que vous leur ayez montré . Le sale—"

Il n'a pas fini. Healey recula, calcula la portée et la résistance, et laissa le grand homme en avoir un sur le bouton. C'était un coup de poing très solide, si solide, en fait, que le grand homme se détendit de tout son long sur le sol.

"Il a insulté les Marines", a déclaré Healey avec regret lorsque Pickens l'a libéré ce soir-là. "Ne peuvent-ils pas comprendre que nous ne sommes pas en colère contre les Marines. Nous essayons de revenir *dans* les Marines."

Pickens soupira.

"Les gens manquent probablement de compréhension plus que quiconque", a-t-il déclaré.

CHAPITRE IV

M. Zytztz monte à bord

Une semaine plus tard, le Conseil Mondial organisait un Bureau Interplanétaire, et l'une de ses subdivisions était la Section de Classification. On a demandé au vieil homme une recommandation pour devenir membre de cette section, et il a recommandé Healey.

"C'est surtout un honneur, plus que toute autre chose."

Mais lors de la première réunion, Healey fut élu président et découvrit soudain que la section de classification avait pour tâche de déterminer si les êtres non terrestres étaient anthropomorphes ou, en d'autres termes, humains.

Ils avaient Healey sur place. Il ne pouvait pas reculer, alors il a suggéré qu'aucun être ne devrait être appelé « humain » à moins qu'il n'ait des yeux, et cette règle a été adoptée à l'unanimité.

Le lendemain, il lut que la Section d'Éthique, pour prévenir les troubles, avait adopté une règle interdisant à toute créature non terrestre, quelle qu'elle soit, de faire l'objet d'une autopsie au cours des cinquante prochaines années.

Apparemment, la population entière de la Terre était extrêmement consciente du danger d'offenser des créatures inconnues, et des pressions furent exercées partout pour établir des lois qui interdiraient absolument de blesser ou d'offenser les Martiens ou tout autre habitant d'un monde non terrestre. planète. Le sénateur Philipuster a annoncé avoir reçu quatre tonnes de télégrammes à ce sujet qui, après avoir été dûment comptés, ont été soigneusement brûlés.

"Je soutiendrai la protection de toutes les créatures non terrestres", a-t-il annoncé, "au moins jusqu'à ce que nous en sachions davantage sur leurs origines."

"En d'autres termes", a commenté Healey, "jusqu'à ce qu'il sache jusqu'où il peut aller en toute sécurité."

Le Conseil Mondial chargea alors le *Phoebus* de ramener trois Martiens lors du prochain voyage, à condition qu'ils soient entièrement disposés à venir.

Les plantes centenaires les attendaient le lendemain de l'atterrissage du *Phoebus* . Le biologiste et son équipe ont passé deux semaines à enquêter sur leur vie, mais ils n'ont pas découvert grand-chose.

Des escouades ont été dépêchées pour les surveiller. Ils suivaient les Martiens la nuit lorsque les plantes centenaires partaient dans le désert, mais les plantes n'allaient nulle part en particulier. Ils sont sortis dans le désert et se sont recroquevillés comme de véritables plantes centenaires en petites boules pour se protéger du froid, apparemment, mais apparemment ils n'ont pas dormi. Les escouades ne pouvaient pas s'approcher d'eux plus près que pendant la journée, sans que les feuilles des plantes ne se mettent à onduler et sans que ce bruissement particulier ne surgisse de quelque part en elles.

Au bout de deux semaines, il concluait qu'ils étaient inoffensifs, et c'était à peu près tout. Aucun Terrien n'a jamais vu un Martien manger, dormir ou ouvrir les yeux.

Finalement, le biologiste et le botaniste se sont réunis et ont décidé de les entourer de tout ce que le *Phébus* avait à offrir en matière de nourriture artificielle, ce qui était considérable : ils avaient même du blé soufflé artificiel au petit-déjeuner.

Alors le vieil homme dit à Healey : « Donne-nous-en trois. »

Healey est sorti avec sa combinaison pressurisée. C'était juste avant le coucher du soleil, et M. Zytztz et ses camarades étaient tous là en leurs éternels rangs autour du navire, comme s'ils attendaient quelque chose. Pensa Healey, presque comme s'ils attendaient depuis longtemps, et comme s'ils savaient qu'ils obtiendraient ce qu'ils attendaient grâce au pouvoir de leur pure patience – une patience qui pourrait s'étendre sur des milliers d'années.

Le capitaine Healey resta là devant M. Zytztz pendant un moment, et M. Zytztz commença à bouger et à chuchoter, presque comme s'il savait qu'ils le voulaient et qu'il avait hâte de partir. Healey démarra l'échelle de Jacob.

M. Zytztz , comme toujours, se dirigea d'un pas lourd vers l'échelle.

Mais cette fois, Healey attendit lorsqu'il atteignit la partie extérieure du sas. Les neuf pieds de feuilles ondulées de M. Zytztz atteignirent l'échelle. M. Zytztz n'a pas hésité. Il se leva, et Healey aurait juré qu'il y avait de l'empressement dans la façon dont les feuilles enroulaient leurs extrémités autour des barreaux de l'échelle.

<hr>

À ce moment-là, toute la bande désertique des Zytztze se dirigeait vers l'échelle.

Healey avait un peu peur, mais cette fois, il savait ce qu'il allait faire. Il en laissa deux autres monter sur l'échelle, puis il fit signe d'un retrait rapide .

Il avait eu un peu peur que les Zytztz ne prennent peur et ne tombent peut-être, mais s'ils n'étaient pas à l' aise, il ne pouvait pas le dire. La seule réaction qu'il eut fut que les Zytztz restés au sol se comportèrent comme s'ils étaient déçus. Leurs feuilles tombèrent un peu lorsque l'échelle fut hors de leur portée, et ils s'arrêtèrent, par centaines, d'un seul mouvement.

Comment ils savaient que l'échelle était levée était un mystère.

Quand les trois furent à l'intérieur, Healey ordonna de fermer le sas et escorta les Martiens jusqu'à leur salle spéciale. Les feuilles de M. Zytztz bougeaient partout, touchant doucement des objets et des matériaux étranges – ou Healey supposait qu'elles lui étaient étranges, car après tout M. Zytztz avait vécu sur Mars toute sa vie et elles n'avaient rien comme de l'acier, du laiton ou du cuivre. acajou poli sur Mars. Ils n'avaient là que des alcalis, des roches, du plutonium et des Zytztz .

Healey les laissa pour se rendre sur la passerelle au décollage. Le *Phoebus* était dans les airs dès que les autres Zytztz repartirent dans le désert, puis le Vieil Homme se tourna vers Healey.

"Capitaine, faites venir M. Zytztz ."

"Oui Monsieur." Healey inspira profondément et se dirigea vers la salle spéciale. Il ouvrit la porte avec précaution. Ils avaient une grande boîte de désert de Mars dans la moitié de la pièce, mais les trois Zytztz étaient blottis les uns contre les autres dans le hublot, observant les étoiles, et ils étaient *déterminés* à le faire, pensa Healey, comme aucune plante ne le serait jamais.

Healey ne savait pas exactement comment amener M. Zytztz auprès de l'amiral sans emmener les deux autres, mais alors qu'il ouvrait la porte, il s'attendait à dire quelque chose qui pourrait être drôle, comme « Très bien, vous les aubergines, lancez-vous. " Mais M. Zytztz se tourna vers lui, c'est-à-dire qu'il tournait en demi-cercle, et Healey eut le sentiment étrange que M. Zytztz l'observait.

Healey regarda fixement, mais visiblement il n'y avait pas d'yeux.

"Monsieur", dit Healey, "l'amiral souhaite vous voir, seulement vous", dit-il.

Bien sûr, Healey ne s'attendait pas à ce qu'ils comprennent.

Il ne savait tout simplement pas quoi faire d'autre, et peut-être que s'il parcourait les mots, ses mouvements ou quelque chose comme ça lui donnerait une idée générale.

Eh bien, ils ont compris – si bien que cela a effrayé Healey à moitié. M. Zytztz a commencé à se diriger vers lui d'un pas traînant. Les deux autres ne bougèrent pas. Healey essuya la sueur de son front, se tourna et nous guida dans le couloir menant au pont. M. Zytztz le suivit, se penchant et tissant considérablement pour empêcher ses feuilles de gratter contre le plafond.

Il se tenait patiemment au centre de la pièce et faisait face à l'amiral. Cela a donné un sursaut à Healey. Comment M. Zytztz savait-il qui était l'officier supérieur ? Personne n'avait dit un mot. Comment savait-il qu'il y avait quelqu'un dans la pièce ? Comment savait-il que c'était cette pièce ? C'était peut-être un accident.

À ce moment-là, tout le monde se promenait autour de lui, le regardait et parlait de lui d'une manière qui aurait été très impolie s'il avait été humain, mais M. Zytztz se tenait très calme et patient sur sa tige et ne résistait même pas lorsque le botaniste sentit de ses "feuilles".

De temps en temps, après que quelqu'un ait fait une remarque, cet étrange bruissement venait de M. Zytztz , presque comme s'il essayait de répondre.

Eh bien, ils sont revenus sur Terre en quatorze jours. Ils remirent les trois Zytztz au Conseil Mondial qui, pendant leur absence, avait été rebaptisé Conseil Inter-Monde, et déjà les vidéastes l'appelaient la CBI.

Il y eut un grand banquet au cours duquel trois Zytztz furent traités aussi formellement que s'ils étaient des diplomates d'une nation puissante. Ils étaient à la table du banquet, mais ils restèrent debout ; ils ne se sont pas assis. Ils écoutaient les discours, ou du moins ils restaient silencieux pendant les discussions, même lorsque le vieux sénateur Philipuster avait prononcé de sa langue pendant deux heures et demie, en sa qualité officielle, des phrases sonores comme « l'aube d'une nouvelle ère dans la bonne volonté interplanétaire ». de délégué itinérant des États-Unis auprès de la CBI. Mais après que le sénateur se soit assis et que tout le monde pensait : « Dieu merci », les feuilles supérieures de M. Zytztz ont plongé vers le sol et il a émis ces bruissements.

Les Zytztz ont été exposés à New York, Londres, Moscou, Sydney et San Francisco. Mais après trois mois, ils n'avaient pas l'air très bien.

Ils semblaient se flétrir un peu. Leurs feuilles n'avaient pas l'air aussi fraîches et vertes qu'elles l'étaient, et elles tombaient de plus en plus au fur et à mesure qu'elles avançaient.

Le capitaine Healey était responsable d'eux, et il a vu qu'ils étaient entourés de toutes les conditions qu'ils avaient connues sur Mars, même dans une chambre à vide avec de l'air exactement dans les mêmes proportions que celui sur Mars et à la même pression et humidité et avec la même température. mêmes variations de température, mais cela n'a pas aidé.

La seule chose qu'il pouvait comprendre était qu'ils étaient seuls, alors il a persuadé la CBI qu'ils devraient être ramenés sur Mars...

Au cours de ce voyage, ils ont eu la liberté du vaisseau et il n'a pas fallu longtemps pour découvrir qu'ils étaient nés voyageurs de l'espace. M. Zytztz restait beaucoup sur le pont avec Healey, et lorsque le lieutenant Browne, le navigateur, n'était pas en service, M. Zytztz étudiait les étoiles pendant des heures, et bientôt ses extrémités de feuilles touchaient délicatement les commandes comme s'il suggérant un changement de cap.

"Et confondez tout", a déclaré Healey au vieil homme, "il a toujours raison quand Browne nous surveille."

À cette époque, les voyages dans l'éther dépendaient beaucoup de la navigation, car les machines n'avaient pas encore été développées pour prendre en compte toutes les forces exercées par les diverses attractions gravitationnelles, la dérive solaire, l'inertie centrifuge, les courants magnétiques étranges, la vitesse, la trajectoire, les orbites planétaires. , et la dérive de l'éther encore inexpliquée. Ou plutôt, la machinerie pourrait être fabriquée, sans problème, mais un seul navire ne pourrait pas la transporter.

Que M. Zytztz puisse voir ou non, il savait comment atteindre Mars, même si à cette époque la planète rouge était beaucoup plus éloignée et qu'il lui fallait plus d'un mois pour y arriver. M. Zytztz survolait l'écran vidéo pendant des heures, puis se dirigeait vers l'un des hublots et restait debout pendant des heures supplémentaires, face à la constellation Vela à environ cinquante degrés moins la déclinaison. Parfois, il variait cela en se tenant devant la carte du ciel et en retournant ses lourdes pages de lin avec le bout de ses feuilles.

Le capitaine Healey le laissa strictement seul, le surveillant d'abord, mais ne prenant plus la peine de le faire pour le moment.

M. Zytztz a appris à quoi servait un crayon, et il trouvait un bloc-notes et prenait des notes ou des calculs, consistant principalement en divers arrangements de points et de lignes droites. Apparemment, c'était uniquement pour son amusement, car il froissait toujours les draps et les jetait à la poubelle.

Et qu'il voie ou non, il avait un excellent sens de la perception, car il ne manquait jamais le panier. Le capitaine Healey enviait sa précision.

Mais Healey a découvert une chose : les Zytztz n'étaient pas des artisans.

Un jour, M. Zytztz utilisait un porte-mine et il manquait de mine. Il y travailla pendant une heure sans découvrir ce qui n'allait pas ni même comment le démonter. Il restait là à le retourner du bout de ses feuilles et à l'examiner sans but, le touchant ici et là ou le tirant doucement, mais visiblement aussi impuissant qu'un bébé. Il l'a finalement confié à Healey pour qu'il le répare, et le capitaine a décidé que M. Z. ne serait pas très doué avec un grille-pain atomique.

C'est lorsque Healey lui rendit le crayon avec une nouvelle mine qu'il découvrit que M. Zytztz pouvait parler.

Un bruissement vint de quelque part dans ses feuilles et il disait très clairement « Merci ». Healey s'était tellement habitué à lui qu'il dit : « De rien », avant de réaliser ce qui s'était passé, puis il regarda la plante avec les yeux grands ouverts et laissa échapper :

"Vous pouvez parler!"

M. Zytztz hochèrent la tête – plutôt avec complaisance, pensa Healey, et le bruissement revint, et Healey distingua d'autres mots.

Ils disaient : « Je suis content que vous compreniez. Notre énonciation n'est pas très bonne, mais je vais essayer de faire mieux.

La bouche de Healey était ouverte. Oui, M. Zytztz pouvait parler. Ses paroles étaient accompagnées de ce bruissement qui rendait les sons flous et peu distincts, mais en écoutant attentivement, comme on entendrait un étranger parler une langue inconnue, on pouvait comprendre.

Healey était tout à fait incapable de voir d'où venait le son, mais ce qui le stupéfiait était que, sans coaching ni enseignement, M. Zytztz avait appris à parler ce qu'on appelle la langue anglaise avec une perfection grammaticale en quelques mois - et pas seulement en quelques mois. des phrases non plus ; comme « Donnez-moi un jambon de seigle » ou « Que diriez-vous d'une balle dans le bras, mon pote, pour enlever les toiles d'araignées de mon cerveau ? » mais des concepts abstraits.

"Mon énonciation n'est pas très bonne", avait dit M. Zytztz !

CHAPITRE V

Par souci d'harmonie

Healey s'est promené. Il est descendu au bar pour une gorgée de *tequila* . Le barman lui a préparé quelques anti-atomiques et il a repris ses esprits et est retourné au pont.

Il en a parlé au vieil homme, mais Pickens n'était plus si jeune. Il refusait de se laisser surprendre par quoi que ce soit. Le lieutenant Browne (qui avait été l'enseigne Browne) était ravi.

"Peut-être", dit-il alors que M. Zytztz se tenait devant un hublot de l'autre côté de la pièce, "peut-être que notre ami végétarien pourrait me trouver quelques chiffres quand nous arriverons sur Mars."

M. Zytztz tournait à mi-chemin sur sa tige. La bouche du lieutenant s'ouvrit de quinze centimètres. Les feuilles de M. Zytztz s'enfonçaient doucement et se soulevaient dans ce qui ressemblait beaucoup à un sourire.

"Oui, lieutenant," dit-il de sa voix floue, "je connais des numéros très intéressants chez moi." Puis ses feuilles semblèrent tomber un instant comme s'il était triste, et il se retourna vers le hublot et fit face à la constellation Vela.

Browne déglutit et Healey dit sèchement : « Au bout du couloir à votre gauche, lieutenant, et dites à Joe de les mettre sur ma facture.

Browne le regarda fixement puis dit : « Oui, monsieur », le salua avec raideur et sortit presque aussitôt.

Un léger bruissement vint de M. Zytztz . « Impétueux, n'est-ce pas ? dit-il sans se retourner.

"Il vient d'apprendre", a déclaré Healey, "que sa belle-mère est un ange."

"Désolé", murmura M. Zytztz , puis il se tourna vers Healey avec hésitation. « Ne trouvez-vous pas que ces concepts religieux sont un peu dépassés ?

Que pourriez-vous faire avec un enfant précoce de quatre ans qui insisterait pour dénoncer les erreurs de l'histoire de la cigogne ? C'est ce que Healey a fait avec M. Zytztz : rien.

"Ecoute," dit-il. "Je suis désolé. J'essayais juste d'être drôle."

M. Zytztz restèrent immobiles un instant, puis elles bougèrent brusquement et elles crépitèrent comme un rire.

"Oh, je pense que tu es très drôle," dit-il doucement.

Healey prit une profonde inspiration et alla rédiger l'ordre du jour. Il leva les yeux une fois pour voir Pickens l'observer, et l'amiral garda son visage droit à l'exception d'un pli au coin de sa bouche.

Ils ont atterri sur Mars cette nuit-là.

M. Zytztz a déclaré que lui et ses compagnons aimeraient être autorisés à quitter le navire immédiatement, alors ils ont ouvert l'écluse et les ont laissés partir. M. Zytztz a promis de revenir dans la matinée.

Mais ce n'est que lorsque Healey le vit, lui et ses deux compagnons, parcourir l'alcali rouge à la lueur des phares d'atterrissage qu'il réalisa à quel point ils étaient fatigués et rétrécis. M. Zytztz ne mesurait pas plus de huit pieds.

Mais le lendemain matin, ils étaient de retour. M. Zytztz a grimpé l'échelle et a frappé à la porte du sas et Healey l'a laissé entrer. Healey a été étonné quand il l'a vu. M. Zytztz était frais, vert et… enfin, dodu.

Il sentit apparemment l'étonnement de Healey, car il dit : « Ah, l'air du désert est merveilleux, mon ami, surtout la nuit.

Il ne répondit que vaguement lorsque Healey essaya de découvrir ce qui avait provoqué ce changement, et Healey fut forcé de conclure que c'était le calme et la solitude, etc., en d'autres termes, l'effet psychologique de l'environnement. Cela, bien sûr, supposait que M. Zytztz avait un esprit semblable à celui d'un humain.

M. Zytztz a demandé à voir le vieil homme. « Certains de mes camarades, dit-il, aimeraient travailler sur votre navire. »

Le vieil homme était abasourdi. "Travail!"

"Ils fonctionneront bien pour vous", a promis M. Zytztz .

Le Vieil Homme bafouilla. "Eh bien, les cloches de Nell ! Je n'ai pas besoin d'aide. Je... qu'en pensez-vous, Capitaine ?"

Healey hésita. Puis il dit : « Qu'en pensez-vous, lieutenant Browne ?

"Monsieur", dit le lieutenant, s'adressant uniquement à Healey, "je dis qu'un peu de fraternisation sera propice à de meilleures relations inter-terrestres."

Healey se tourna vers le Vieil Homme avec un air parfaitement neutre. "Monsieur," dit-il, "je dis qu'un peu de fraternisation sera propice à de meilleures relations interterrestres."

Le vieil homme les regarda tous les deux, puis M. Zytztz . Les feuilles de M. Zytztz frémissaient doucement.

"Nous en prendrons six", balbutia le Vieil Homme, "mais vous en serez tenu responsable."

"Oui, monsieur", dit promptement M. Zytztz . "Et nous recevrons les taux de salaire habituels, je suppose."

Les yeux du vieil homme se plissèrent. "Oui," dit-il pensivement, "au moins lors de ce premier voyage. Après cela, ce sera à la CBI."

"Merci Monsieur." Une feuille se leva et s'abaissa en un salut, et M. Zytztz sortit rapidement.

Le vieil homme grogna à Healey. "Pour une plante qui n'est pas humaine, votre ami martien apprend vite."

Healey grimaça. Il avait déjà beaucoup réfléchi à ce sujet.

Les Zytzts étaient de parfaits ouvriers ; ils étaient compétents, forts et infatigables. Mais certaines choses qu'ils ne pouvaient pas faire – ils avaient besoin d'aide, même pour un simple travail de réparation, mais sinon, ils avaient un bon cerveau. Ils suivaient les ordres encore mieux que les robots sur Terre.

Lors du voyage de retour, Healey a découvert comment ils avaient appris la langue. En fait, ils lisent dans les pensées des hommes. Lorsqu'un homme parlait, ils obtenaient l'image mentale de son esprit. Healey se souvenait de certaines des remarques choisies qu'il avait faites devant M. Zytztz avant d'avoir la moindre idée de leur compréhension, et c'était, pour être conservateur, inquiétant. Il se souvint de la première fois où il leur avait refusé le droit d'être classés comme humains, et lorsqu'ils atteignirent de nouveau La Havane , il convoqua une réunion de la Section de Classification et proposa que les Martiens soient reclassés. Mais les autres membres l'ont rejeté, citant sa propre loi : « Ils doivent avoir des yeux ».

Healey a proposé un amendement pour abroger cette loi, mais il a découvert que plus une organisation est grande, plus elle est lourde. La section rejeta froidement son amendement, et il ne pouvait rien faire d'autre que de se rendre au barreau et de lancer une recherche approfondie sur l'efficacité des armes atomiques. Il aurait donné son grade officieux au sein du Rocket Service pour corriger l'injustice qu'il avait faite aux Zytztz .

---

années suivantes, de nombreux Zytztz travaillèrent sur des vaisseaux spatiaux, et il y en eut un certain nombre. Le seul problème avec les Zytztz était qu'ils devaient retourner sur Mars environ tous les six mois pour se rafraîchir.

Sinon, c'étaient de parfaits ouvriers. Ils n'ont jamais causé de problèmes et n'ont jamais été malades.

Un été, le *Phoebus* effectuait une trajectoire au-dessus du Soleil lorsque Healey parla au vieil homme des Zytztz .

"Il ne fait aucun doute dans mon esprit qu'ils sont humains", a-t-il déclaré. "Un être humain doit avoir une âme, n'est-ce pas ?"

Le Vieil Homme le regarda attentivement. "Ce n'est pas la même définition que celle que vous proposiez il y a quelques années."

Healey rougit. "Non, monsieur. J'avais tort et je suis désolé. Ils ont une âme, d'accord. Toute sorte de créature qui aime l'éther comme le font les Martiens – doit simplement avoir une âme."

Le Vieil Homme hocha la tête. "Je pense que vous avez raison. Peu importe ce qu'un homme peut être, s'il n'a pas cette étincelle en lui, les voyages dans l'espace lui donneront des frissons."

Les Zytztz avaient cette étincelle, Healey le savait. De la façon dont ils l'avaient adopté dès le début, Healey ne pouvait échapper à l'impression qu'ils devaient avoir des souvenirs indélébiles de jours dans un passé obscur, lorsque peut-être leurs ancêtres avaient voyagé dans l'espace.

"C'est drôle", dit un jour le lieutenant Browne. "On pourrait penser qu'ils sont restés si longtemps sur Mars qu'ils auraient pris racine, mais ils n'ont même pas le mal de l'espace la première fois qu'ils volent."

"Il y a beaucoup de choses chez eux que je ne comprends pas", a déclaré Healey.

En 2125, la CBI ordonna un recensement des Martiens. Il y en avait exactement sept cent soixante-dix-sept. Curieusement, il n'y avait pas de jeunes. Tous étaient des adultes.

Au cours des cinq années suivantes, chaque Zytztz détenait le grade de matelot de première classe. Un seul avait progressé au-delà, car les voyages dans l'espace avaient très rapidement développé le système de castes le plus rigide de toute l'histoire. C'était une anomalie, car elle s'était développée au sein des rangs d'hommes eux-mêmes victimes de discrimination de la part des Air Marines. Ou peut-être que c'était à cause de ça. Quoi qu'il en soit, les marins et les officiers spatiaux étaient exclusifs, bien au-delà de tout ce que les Air Marines pouvaient offrir. Peut-être était-ce dû au glamour conféré par la proximité d'une mort subite, mais aucun Terrien n'accepterait de recevoir des ordres d'un non-humain.

Celui qui était devenu plus que marin était M. Zytztz , qui avait été nommé second de maître d'équipage – et cette promotion avait précipité une émeute et une quasi-mutinerie lors du trajet des passagers d'élite vers Luna. Grâce à l'intercession de l'amiral Pickens, M. Zytztz ne fut pas rétrogradé, mais son autorité fut strictement limitée aux Martiens.

Personne n'avait à se plaindre de M. Zytztz, sauf qu'il était « une usine centenaire », et bientôt une règle de la CBI fut votée selon laquelle aucun Terrien ne pouvait être placé sous la surveillance d'une personne autre qu'un Terrien. Cela l'a rendu officiel.

Mais les Zytztze l'ont pris, se sont occupés de leurs propres affaires et ont fait leur travail. M. Zytztz a demandé à Healey quoi faire de sa paie, le capitaine lui a suggéré d'ouvrir un compte d'épargne à la Banque Nationale Interplanétaire. La prochaine fois que Healey se présenta à la banque, le caissier l'étonna en lui annonçant que chacun des sept cent soixante-dix-sept Zytztz avait ordonné que leur salaire soit déposé sur le compte de M. Zytztz .

En 2130, le recensement régulier fut effectué et il fit état de sept cent soixante-dix-sept Martiens. Pas de jeunes. Tous les adultes. Aucun décès. Aucune naissance.

Healey aurait pu interroger M. Zytztz à ce sujet, mais d'une manière ou d'une autre, il n'en a jamais eu le courage. C'était également étrange, car Healey confiait à M. Zytztz des tâches qui le maintenaient sur la passerelle la plupart du temps, et Healey lui demandait pratiquement tout et obtenait toujours une réponse. Il n'y a eu aucune évasion. Mais il y avait quelques sujets personnels sur lesquels le capitaine songeait à lui parler, et il se tournait vers lui pour parler et quelque chose l'en empêchait. D'une manière ou d'une autre, M. Zytztz dégageait une réserve tranquille qu'aucun homme sensible n'essaierait de pénétrer dans des circonstances ordinaires.

Puis Pickens a pris sa retraite. Ce n'était pas un vieil homme, il avait bénéficié d'un rajeunissement complet à Osterhus et restait bon encore soixante ans, mais c'était un homme vaincu. Un regard obstiné était dans ses yeux lorsqu'il dit à Healey :

"Je pensais que nous serions reconnus par les Air Marines lorsque nous sommes allés sur Mars, mais ce n'est pas possible. J'abandonne. Je suppose qu'il n'y a personne de plus têtu que les gens."

Healey et le reste des parias avaient désormais abandonné, eux aussi, mais personne, à l'exception de l'amiral Pickens, ne voulait l'admettre. Ils n'y pensaient tout simplement plus beaucoup .

CHAPITRE VI

Mur de préjugés

Finalement, Healey fut promu contre-amiral et chargé de l'expédition vers Jupiter. Ils ont construit un navire plus récent et plus grand, et la nièce du sénateur Philipuster , Clarissa, l'a baptisé *Twinkling Star* avec une bouteille de champagne qui a incité le commandant Browne, maintenant adjudant de Healey, à se lécher les lèvres.

Ils ont effectué quelques croisières de test vers Luna, puis se sont préparés pour le voyage vers Jupiter. Healey a demandé à M. Zytztz de lui servir d'escorte – ou de valet de chambre, comme on disait dans les années 1900 – et ils sont partis une nuit dans une explosion de flammes de fusée vertes qui ont dû illuminer toute l'île de Cuba.

Tout s'est déroulé comme prévu. Jupiter s'est avéré être une planète assez solide avec une gravité terrible qui allait forcer la centrale électrique *de Twinkling Star* à s'enfuir, mais le méthane et ainsi de suite étaient dans des nuages à des centaines de kilomètres au-dessus de la surface, et ils ont bien atterri et se sont plantés. le drapeau de la CBI au nom de Dieu, de la CBI et du sénateur Philipuster .

Ils ont exploré et localisé des minerais et un grand nombre d'entre eux, y compris des sources d'américium et de curium, nos 95 et 96 dans le tableau périodique, mais il n'y avait aucune créature vivante ni aucune chose en croissance d'aucune sorte, et Healey était soulagé qu'il y en ait. Il n'est pas nécessaire de décider si quelqu'un est humain ou inhumain.

Au bout de trois semaines, il fit appel aux deux bateaux de reconnaissance et décolla avec un gémissement considérable des unités motrices. Après avoir dépassé la vitesse critique , ils ont atténué le martèlement des moteurs et se sont détendus. Le commandant Browne, M. Zytztz et l'amiral Healey étaient dans la salle de contrôle.

"Eh bien, M. Zytztz ," dit Healey, heureux que la tension soit terminée, "qu'allez-vous faire maintenant ?"

M. Zytztz tournait sur sa tige, là où il observait la constellation Vela. Ses feuilles étaient plutôt immobiles.

"Je vais demander un reclassement", a-t-il déclaré, "à notre retour".

Healey fronça les sourcils et essaya de trouver quelque chose à dire.

"Oui", poursuivit M. Zytztz de sa voix floue, "je sais que vous avez essayé, mais peut-être que s'ils m'entendent, eh bien, je ne pense pas qu'ils me refuseront."

"Pourquoi voulez-vous être reclassé", a demandé Healey. "Vous avez déjà un grade de patron."

Healey aurait pu se mordre la langue lorsque M. Zytztz a répondu : « Je veux une contravention d'officier.

Healey le regarda fixement, et le commandant Browne regarda Healey et hocha la tête comme pour dire : « Pourquoi pas ? et Healey a pensé : « Oui, pourquoi pas ?

Mais Healey mélangea ces pensées à la hâte, car il avait appris à brouiller ses ondes mentales pour que M. Zytztz ne les comprenne pas. Il regarda Browne et Browne faisait la même chose. Chaque fois que le commandant Browne faisait ces grimaces, il était engagé dans une célébration assez intense.

À leur retour à La Havane, Healey a sauté les cérémonies. C'était du vieux truc à l'époque. Il envoya le commandant Browne comme remplaçant et s'attira ainsi sa colère éternelle, car le sénateur Philipuster revenait tout juste d'un mois de vacances au terrain de vacances lunaire de Space Travel, Inc.

Healey s'est rendu avec M. Zytztz aux bureaux de la Section de classification. Healey a présenté sa démission et M. Zytztz a demandé une reclassification.

En tant qu'initiateur de la règle des « yeux », Healey a fait valoir son manque de fondement. Il a cité sa longue connaissance de M. Zytztz . Il lui a fait réaliser toutes sortes d'exploits mentaux impliquant une perception qui ne pouvait être interprétée comme autre chose que voir. Il s'est livré au seul véritable discours oratoire de sa vie.

Mais les membres barbus de la section étaient tout sauf hésitants.

"Nous ne pouvons pas voir d'yeux", a déclaré le président, "il est donc juste de conclure qu'il n'a pas d'yeux au sens humain du terme". Ils ont rejeté Healey à l'unanimité.

Le président demanda à Healey d'entrer dans son bureau pour examiner certains problèmes survenus pendant l'absence de Healey sur Jupiter, et lorsqu'ils furent seuls à l'intérieur, avec M. Zytztz attendant patiemment dans la salle de réception, le président se tourna vers Healey.

« Écoutez, Amiral, nous respectons votre opinion et tout ça, mais ne voyez-vous pas que… ah, mon gars, si vous voulez… ce type n'est tout simplement pas humain. Cela ne ferait pas l'affaire, vous savez. Après tout, ils ne sont que des plantes. Nous devons préserver la supériorité de la race humaine.

Healey le regarda attentivement. "Quelle supériorité ?" dit-il en tournant les talons.

Lui et M. Zytztz sont retournés dans leurs quartiers et Healey a dit : « Je suis vraiment désolé, M. Zytztz . C'était de ma faute dès le premier… »

"Oubliez ça", murmura doucement M. Zytztz , comme une brise à travers les palmiers.

"Mais il n'y a aucune raison—"

"Peut-être que oui. Ils n'ont pas grand-chose à faire, à part l'expérience passée, et ils..."

"Oui, ils sont épais à partir de la clavicule."

M. Zytztz se tourna vers lui et il y eut une pointe de rire dans ses paroles.

« Ne soyons pas insubordonnés, Amiral, » dit-il doucement. " Rares sont ceux d'entre nous qui ne commettent pas parfois une erreur qui, par inadvertance, cause des problèmes aux autres. L'organisme humain est vraiment si complexe et si primitif. Les choses sont faites ou dites là où la motivation n'est pas ce qu'elle paraît. un peu de colère ou de peur s'installe – peut-être la peur de perdre sa position aux yeux des autres – et l'acte est accompli ou les mots sont prononcés sans beaucoup de logique.

Healey le regarda. "A bien y réfléchir," dit-il sobrement, "c'est peut-être une injustice d'essayer de vous classer parmi les humains."

Un an plus tard, l'amiral Healey, en prolongation de son congé non officiel des Space Marines, fut réaffecté à Space Travel, Inc., pour commander leur nouveau navire encore plus grand, le paquebot de luxe *Clarissa* . Oui, c'était en l'honneur de la nièce de Philipuster , et le capitaine Browne (ils avaient tous été promus à nouveau) était-il toujours ennuyé lorsqu'il la voyait profaner la deuxième bouteille de champagne en moins de deux ans !

"Si elle avait quarante ans de moins," grogna-t-il, "je la sortirais et lui laisserais découvrir à quel point ce truc fonctionne mieux sur des assiettes en porcelaine que sur des assiettes en béryllium."

Healey était désormais un véritable amiral et un homme riche à quarante-deux ans. Il pourrait prendre sa retraite dans vingt ans avec son plein salaire, et il n'aurait alors que soixante-deux ans et dans la fleur de l'âge. Il pourrait acheter une propriété à la campagne dans l'Aconcagua et consacrer son temps à vérifier les numéros de téléphone du capitaine Browne.

En 2140, le recensement de la CBI indiquait : Martiens, sept cent soixante-dix-sept.

Certaines personnes étaient très curieuses à ce sujet, mais les Martiens ne parlaient pas. Le seul homme qui aurait pu le découvrir, l'amiral Healey, ne voyait aucune raison de se mêler des affaires des Zytztz .

Quoi qu'il en soit, M. Zytztz n'était pas sur la route vers Jupiter car à l'époque, le voyage était trop long pour lui.

Quelques années plus tard, Healey rencontra M. Zytztz alors qu'il sortait du bureau du capitaine du port de Havanaport . Healey aurait souhaité que M. Zytztz ait un visage, car M. Zytztz aurait souri de partout. Ses feuilles s'agitaient, se courbaient et dansaient presque au soleil. L'une des extrémités des feuilles était enroulée autour d'un petit livre.

"Amiral", ronronna-t-il, "félicitez-moi ! Je viens de recevoir mon brevet d'officier tant convoité."

Healey regarda, et bien sûr, M. Zytztz avait un ticket de troisième lieutenant. Comment il avait fait, Healey ne le savait pas, mais il avait probablement harcelé le jury jusqu'à ce qu'ils décident de le faire passer, et si Healey connaissait ces vieux examinateurs au visage cousu, ils avaient dû lui donner tout ce qu'il y avait dans le livre.

M. Zytztz avait son billet et Healey a deviné que les examinateurs pensaient qu'ils en avaient fini avec lui.

"Pourquoi voulais-tu tant un billet ?" Il a demandé. "Vous gagnez beaucoup d'argent et vous n'en avez pas besoin . "

Mais M. Zytztz était exubérant. " Un jour , quand j'aurai mon brevet de capitaine, j'aurai mon propre navire. Je ne pourrais pas commander mon propre navire maintenant sans enfreindre les règlements, vous savez. "

Healey ne fut pas surpris de voir M. Zytztz au port spatial quelques jours plus tard, se traînant le long des couloirs, regardant les navires entrer, espérant à chaque fois que c'était ici qu'il obtiendrait une couchette de troisième lieutenant pour pouvoir commencer à travailler. .

Mais c'était sans espoir et Healey le savait. M. Zytztz avait été qualifié de « non-humain » et personne n'allait l'embaucher comme troisième lieutenant. Ils n'ont pas osé. Leurs équipages auraient quitté le navire.

Trois mois plus tard, Healey le déposa sur Mars en route vers Jupiter. M. Zytztz était plutôt flétri et paraissait mou, mais il a déclaré :

"Merci, Amiral. À bientôt à La Havane."

Sur le chemin du retour vers la Terre, une navette les a accueillis en provenance de Mars et M. Zytztz est passé par le sas.

"Je viens de parler à M. Morgan, qui représente Ether Fleet, Inc.", dit-il joyeusement. "Il m'a pratiquement promis une place si je parvenais à obtenir un brevet de maîtrise."

Healey haleta. "Un certificat de maîtrise !"

"Oui", ronronna fièrement M. Zytztz . "Il a dit que tous leurs camarades détenaient un brevet de maîtrise. Alors je retourne à La Havane."

« Mais il ne vous l'a pas vraiment promis, n'est-ce pas ?

"Non, monsieur, mais c'était l'implication."

Healey réfléchit à cela pendant un moment. Morgan avait repoussé M. Zytztz avec cette histoire bidon selon laquelle tous ses camarades détenaient des certificats de maîtrise. Mais pourquoi M. Zytztz n'avait-il pas lu dans ses pensées et ne l'avait-il pas su ?

Un jour, Healey lui demanda : « Ne lisez-vous pas encore dans les pensées, M. Zytztz ?

"Oh, non," dit plaisamment Zytztz . "J'ai arrêté cela il y a des années, parce que cela a embarrassé tant de personnes lorsqu'elles ont découvert plus tard que je pouvais le faire..."

Healey a participé à l'examen. Ce groupe d'hommes aux cheveux gris était regroupé autour de M. Zytztz comme des faucons autour d'un poussin d'un jour. Healey jeta un coup d'œil et il sut que M. Zytztz ne passerait pas cette fois.

Ils ont interrogé M. Zytztz sur son temps d'antenne, et il a produit une liasse de bons de décharge qui auraient fait envie à la plupart des capitaines. Puis ils ont commencé à lui poser des questions – des questions qui arrivaient comme des jets de fusées brûlantes. Ils l'ont mis à la dérive dans la ceinture d'astéroïdes. Ils ont fusionné ses jets arrière. Ils ont brûlé ses jets avant. Ils étouffaient ses instruments avec de la poussière d'éther. Ils ont mis son ingénieur en chef au lit avec le vertige spatial. Ils ont expulsé son officier de navigation et lui ont donné une tache noire sur tout le système stellaire. Ils ont éclipsé le soleil. Ils ont percé sa coque avec des météorites.

Mais M. Zytztz n'était pas dérangé. Il se tenait là, sur sa tige, au centre de la pièce, écoutait attentivement et courtoisement chaque question et donnait les réponses de sa voix douce et imperturbable.

Il a envoyé un homme dehors pour brûler les parties fondues de ses jets arrière. Il a pris ce qui restait des jets avant et les a soudés ensemble. Il envoya le second à la salle des machines. Il naviguait en observant les étoiles, et lorsqu'elles couvraient les étoiles, il prouva au tableau qu'il pouvait tracer une ligne dans les trente minutes du nord géographique ou dans les trente minutes d'une ascension droite donnée, sans instruments d'aucune sorte.

C'était magnifique. M. Zytztz avait ce qu'on pourrait appeler une orientation absolue. Ils l'ont même placé dans une pièce sans joints et l'ont fait tourner et rouler, et à chaque fois son sens de l'orientation fonctionnait avec plus de précision que n'importe quelle boussole terrestre, parce qu'elle était construite à l'intérieur de lui et qu'elle était *juste* ....

Il les avait sur tous les plans. La seule chose sur laquelle ils auraient pu le coincer – les détails de la réparation d'une machine – n'a pas été posée.

Il a eu son billet. Il le récupéra et se dirigea vers le bâtiment administratif aussi vite qu'il le pouvait, le précieux livre fermement serré dans les bouts de ses feuilles.

Non, il n'a pas eu de bateau. Il a proposé de prendre une couchette pour un troisième lieutenant, mais ils ont répondu qu'il n'y avait rien d'ouvert. Il a fini par travailler pour le passage vers Mars.

CHAPITRE VII

Les Philippus appartiennent à l'extérieur

Plusieurs mois plus tard, Healey apprit sur la vidéo que son père, l'amiral Healey de la flotte Stratosphère, avait pris sa retraite. Cela intriguait Healey, car son père n'était pas un vieil homme et ce n'était pas dans les habitudes des Healey de prendre leur retraite si tôt. Healey a vu Pickens à son prochain atterrissage et Pickens lui a raconté l'histoire.

"Votre père a essayé pendant des années d'adoucir les Air Marines afin que vous et tous les hommes qui se sont distingués dans le Rocket Service puissiez retrouver un statut actif dans les Marines, mais ils l'ont bloqué en disant que lui, en tant que membre actif officier, ne pouvait pas de bon goût demander quelque chose de pareil. Il a donc pris sa retraite et il consacre le reste de sa vie à faire réviser les règlements. Il se pourrait, amiral, qu'il soit très fier de vous. " Pickens prononça les derniers mots très doucement.

"Oui." Healey était pensif. Il aimerait voir son père. Il ne l'avait pas vu depuis 2116. Mais si le vieil amiral n'avait pas eu plus de chance avec le Conseil de Discipline des Air Marines que Healey avec la Section de Classification, ce serait du temps perdu.

Healey a vu M. Zytztz à plusieurs reprises au cours des années suivantes. Tout le monde dans les voies spatiales connaissait le Martien. Il partait en tant que marin, ou parfois comme second de maître d'équipage avec un équipage de Martiens, et lorsqu'il arrivait au port, que ce soit sur Mars ou Luna ou Jupiter ou Io ou Callisto ou Ganymède, il faisait le tour, transportant son permis de maîtrise, espérons-le, avec lui – mais cela ne mène nulle part.

Cela a blessé Healey, et la tournure ironique de tout cela lui a causé de nombreuses nuits agitées. Ensuite, les hommes du Rocket Service, eux-mêmes exclus des Air Marines, avaient tenté longtemps et en vain d'être reconnus. A défaut, ils formèrent leur propre caste rigide. Et maintenant, M. Zytztz se cognait la tête contre le même mur de pierre de l'indifférence, parce que lui, Healey, qui avait été l'un des plus ardents à tenter de se réimplanter dans les Air Marines, avait damné les Zytztz le premier jour où il avait tenté de se réinstaller dans les Air Marines. les avait vus. Cela a suscité chez Healey beaucoup de réflexions sérieuses et beaucoup de reproches . En fait, il aurait fait tout ce qui était en son pouvoir pour arranger les choses pour M. Zytztz

.

Mais le mur qu'il avait lui-même créé était aussi pierreux que celui qui l'avait créé. Il se disputait un jour avec le capitaine du port de Luna, qui avait été second sur le vieux *Phoebus* .

Finalement, le capitaine du port dit : « Je ne peux pas lui donner de navire, Healey. Vous le savez. C'est un Martien.

"Eh bien," dit Healey obstinément, "qu'y a-t-il de mal à être Martien ?"

Le capitaine a explosé. "Tu sais aussi bien que moi qu'il n'est pas humain. Tu l'as dit toi-même la première fois que tu l'as vu !"

En 2150, le recensement donnait : Martiens, sept cent soixante-dix-sept. Tous les adultes.

C'était étrange. Ne sont-ils jamais morts ?

Quelques années plus tard, M. Zytztz revint à bord du *Clarissa* pour escorter Healey. Une nuit, il se tenait devant un hublot et observait Vela lorsqu'il dit :

"Amiral, pourquoi ne me donnent-ils pas une place ?"

Healey réfléchit. Il décida qu'il était temps de lui dire. "Ce n'est pas un compliment à ce que nous appelons facétieusement l'humanité, mais il est temps que vous le sachiez, afin que vous ne continuiez pas à vous casser la cervelle."

"Oui?" » dit doucement M. Zytztz .

"Ils ne vous donneront pas de place parce que vous êtes un Martien", dit catégoriquement Healey.

"Je ne comprends pas", dit lentement M. Zytztz .

Et Healey savait qu'il ne comprendrait jamais. Ce n'était pas le code de M. Zytztz . Il ne réalisait pas à quel point les Terriens pouvaient être petits.

"Eh bien, c'est comme ça. Tout Terrien a peur de tout ou de quelqu'un qui, selon lui, pourrait le surpasser, physiquement, mentalement, émotionnellement, artistiquement - ou que sais-je encore. Il lui en veut. Et tant qu'il peut retenir l'autre Si vous n'êtes pas aussi intelligent et modeste, il est probable que les Zytztz soient les meilleurs personnages de mon livre, poursuivit chaleureusement Healey. et d'un tempérament si parfait, peut-être que les Terriens vous aimeraient. Dans l'état actuel des choses, vous n'avez aucune chance.

M. Zytztz absorbait tout cela en silence. Finalement, Healey dit en guise de conclusion : "Autant y renoncer. Vous n'aurez jamais de navire." Il l'étudia alors, et de nouveau il éprouva le fort sentiment de cette patience immense et illimitée qui pouvait tout vaincre.

Healey ne prit pas sa retraite en 2158. Les moteurs atomiques sortirent sous une forme adaptable aux vaisseaux spatiaux. Space Travel, Inc. a construit un nouveau navire appelé *Philipuster* et, au grand dégoût du capitaine Browne, la nièce du sénateur a aspergé une troisième bouteille de champagne sur sa magnifique coque brunie.

Ils ont convaincu Healey de rester. Ce n'est pas l'argent qui l'a influencé, mais le fait qu'il n'avait rien d'autre à faire. Il avait vu l'amiral Pickens de temps en temps, et il était indéniable que Pickens se sentait seul. Il avait beaucoup d'amis, certes, mais il ne pouvait pas aller au Club des Officiers et échanger des histoires avec les Air Marines. Alors Healey est resté.

C'est à cette époque que les Air Marines devinrent les Space Marines.

Les nouveaux moteurs atomiques ne nécessitaient relativement aucun carburant. Alors qu'auparavant quatre-vingt-dix pour cent de la capacité de chargement d'un navire étaient utilisés comme carburant, maintenant quelques milliers de livres de plutonium ou quelques centaines de livres d' américum provenant de Jupiter pourraient conduire le *Philipuster* presque aussi loin qu'un catboat pourrait naviguer sous la brise du sénateur. discours.

Space Travel, Inc. a judicieusement doublé le salaire de Healey, car il était désormais une institution. Il a dit à Browne que le fait d'être le premier homme à fouler le sol martien lui avait conféré plus d'éminence qu'il n'aurait pu en gagner en mille ans.

Parfois, après cela, il voyait M. Zytztz , entrant ou sortant du bureau d'un capitaine de port ou autour du bâtiment administratif de Havanaport , portant son billet de capitaine usé dans le bout d'une feuille. Parfois, il avait l'air hagard et mou, mais il semblait toujours espérer.

Healey lui aurait acheté un navire et le lui aurait donné, mais il savait que M. Zytztz le refuserait. Il voulait… eh bien, que voulait-il, de toute façon ? Il voulait être maître de son propre navire – et il devait le mériter lui-même.

En 2160, le recensement ne montra aucun changement chez les Martiens. En 2161, les Space Marines ont converti tous leurs moteurs à l'atome. Même le vieux *Phoebus* , désormais une cuve désuète utilisée principalement pour les patrouilles vers la Lune et retour, était équipé de tout nouveaux atomes de type récent qui ont failli faire tomber ses chandeliers la première fois qu'ils l'ont essayé.

ainsi jusqu'en 2170. Healey possédait un Osterhus et commençait à songer sérieusement à prendre sa retraite. Le capitaine Browne dirigeait le *Philipuster* . Et Healey avait l'habitude de le taquiner chaque fois qu'il montrait qu'il prenait ses fonctions trop au sérieux.

"Un jour, j'aimerais emprunter le téléphone de ces trois rousses que vous connaissez sur Terre", disait Healey à Browne.

Le *Philipuster* était un gros navire. Ils avaient un équipage de près de deux mille personnes, et lors de leur voyage trimestriel à l'automne 2170, peu après que le recensement eut révélé la pénurie habituelle de naissances parmi les Martiens, Healey avait à bord une cinquantaine de Zytztz comme membres d'équipage. Ils ont fait des voyages beaucoup plus rapides avec la propulsion atomique, et les Zytztz ont donc pu supporter le voyage vers Jupiter sans aucun problème.

Une nuit – on l'appelait nuit parce que le chronomètre du navire indiquait plus de 21 heures, même s'il faisait toujours noir dans l'air – une nuit, M. Zytztz se tenait devant un hublot et regardait dans la direction habituelle du ciel. Healey était assis dans son fauteuil rembourré, fumant un bon cigare, et le capitaine Browne parcourait les rapports préparés par son état-major. Un bruissement vint de M. Zytztz alors qu'il disait :

« Savez-vous, Amiral, que dans deux ans la loi interdisant les examens post mortem des créatures non terrestres expirera ?

Healey le regarda. M. Zytztz n'avait pas encore fini de le surprendre.

"Eh bien," dit finalement Healey, "ce serait peut-être une bonne chose. Peut-être qu'une autopsie montrerait que vous avez des yeux, et alors vous seriez reclassé comme humain."

M. Zytztz répondit lentement : « Oui, une autopsie révélerait des yeux – d'un genre qui surprendrait les Terriens. Mais avant de procéder à une autopsie, il faut avoir un corps.

"Oh, bien sûr", dit-il, "mais un jour, un Martien mourra."

Délibérément, M. Zytztz s'est retourné. "Nous ne mourons jamais", dit-il doucement.

Healey attrapa son cigare alors qu'il tombait de sa bouche ouverte. Le capitaine Browne regarda M. Zytztz .

"Non", a déclaré M. Zytztz , "en pratique, nous ne mourons pas. Notre durée de vie est très longue. Onze mille ans, ce n'est rien pour nous."

Onze mille ans ? Healey fronça les sourcils. Ce chiffre touchait une corde sensible quelque part dans son esprit, mais il ne parvenait pas à le mettre en lumière. Healey regarda attentivement M. Zytztz .

"Est-ce pour cela qu'il y a toujours sept cent soixante-dix-sept Martiens ?"

Les feuilles hochèrent la tête. "Oui, mais j'ai peur qu'une fois la loi devenue inopérante, il y ait des accidents et que des Martiens soient tués."

Le capitaine Browne se frotta le menton. "Je ne crois pas que vous nous faites confiance, M. Zytztz ," dit-il doucement.

M. Zytztz parut soupirer. "Les humains sont tellement gouvernés par les émotions, et ces émotions sont très souvent obscures", a-t-il observé.

"Je suppose que vous avez raison", a déclaré Browne. "Ils ne sont pas tous aussi évidents que le sénateur Philipuster ."

"Euh-hum." Il y eut un énorme reniflement derrière Healey et un grand raclement de gorge. Healey se retourna sur sa chaise et sa bouche s'ouvrit à nouveau.

"Sénateur Philipuster ! Je ne savais pas que vous étiez à bord."

"Je voyage juste... euh... incognito, pour ainsi dire. Je n'aime pas attirer autant d'attention, tu sais."

"Je peux très bien l'imaginer", dit le capitaine Browne, et Healey crut déceler une légère note de sécheresse.

"Je—ahem—" Les sourcils broussailleux du sénateur se levèrent vers M. Zytztz . "Ce type... ce n'est pas un officier, n'est-ce pas ?"

"Il détient un ticket de maîtrise", dit brusquement Healey.

"Mais ce n'est sûrement pas un officier à l'emploi de mon... de Space Travel, Inc."

"Non, ce n'est pas le cas", a déclaré Healey.

"Et... euh... n'y a-t-il pas une décision selon laquelle seuls les officiers sont autorisés à flâner sur le pont ?"

"C'est vrai", dit Healey en lui lançant un regard noir.

"Alors… hum… eh bien…"

"Cette règle", a déclaré fermement Healey, "s'applique également aux civils".

Le sénateur cligna des yeux. " Espèce de jeune impertinent fouet-vivaneau ! Quel âge as-tu ?"

"Quatre-vingt-dix en mai dernier."

"Eh bien… hum… je suis assez vieux pour être ton grand-père. J'ai cent trente-deux ans."

Healey se leva de sa chaise. "Néanmoins, sénateur, la règle interdit de flâner, comme vous l'avez souligné." Healey le conduisit à la porte.

CHAPITRE VIII

Abandonné dans l'espace

Lorsque la porte fut fermée, avec le sénateur de l'autre côté, le capitaine Browne s'approcha gravement de Healey et fit signe d'épingler quelque chose sur le revers de son uniforme.

"Votre médaille, Amiral", dit-il.

M. Zytztz commença à sortir d'un pas traînant.

"Non," dit Healey. "N'y allez pas. Asseyez-vous... euh, levez-vous. Accrochez-le, restez ici pendant que nous discutons du prix du vieil ivoire."

M. Zytztz hésita, puis parut sourire et revint vers le hublot.

"Maintenant, votre sénateur là-bas, ce n'est pas du tout une personne obscure. Il est dirigé par des motivations relativement simples, et..."

"Les dix premiers d'entre eux", dit le capitaine Browne avec acidité, "par ordre d'importance, sont 'Récupérez l'argent'."

M. Zytztz semblait froncer les sourcils. "Je ne veux pas être sceptique, Capitaine, mais..."

"Objet non identifié sur la proue bâbord, monsieur", dit la voix de la vigie à l'avant du *Philipuster*.

Une lumière rouge a clignoté. Le capitaine Browne se dirigea vers l'écran vidéo. Healey regardait à ses côtés.

"Je n'y arrive pas, monsieur", a déclaré Browne.

M. Zytztz était toujours au hublot. "C'est un navire", dit-il doucement.

Ils ont regardé. La voix du guetteur revint.

"L'objet non identifié semble être un navire abandonné, monsieur", a-t-il chanté.

"Donnez position", a lancé Healey.

"Azimut trois cent cinquante-trois degrés. Ascension cinq degrés plus. Distance environ trois mille milles. Plan de déplacement approximativement nul avec la route de ce navire. Angle d'orbite" - une pause - "estimé à quatre degrés à partir de l'extension avant de ce navire. cap du navire. Vitesse » — une autre pause — « difficile à déterminer, mais pas grande direction de la vitesse, dans l'angle.

Browne se détendit. "Nous allons facilement rater notre cible, à moins que la vitesse ne s'avère plus élevée que prévu."

"Faites attention", ordonna Healey au guetteur.

"Navire abandonné qui serait l'explorateur IWC *Phoebus* !" chantait le guetteur. Les yeux de Healey s'ouvrirent grand. Il regarda Browne. "Qu'est-ce qu'il y a ici ? Qu'est-il arrivé au *Phoebus* ?"

Browne feuilleta les rapports de situation. M. Zytztz s'était approché d'eux d'un pas traînant.

"Ici", dit Browne en levant les yeux. " *Phoebus* : condamné il y a deux jours et mis à la dérive avec une cargaison d'explosifs puissants. Le dernier rapport indique que le navire n'a pas été détruit mais seulement endommagé. Le remorqueur *Rameses* est en route pour le tirer des voies spatiales jusqu'à ce qu'une élimination ultérieure soit ordonnée. "

M. Zytztz parla, et pour la première fois depuis cinquante ans que Healey le connaissait, il y avait une netteté dans sa voix.

"Comment est-elle classée ?" il a demandé à Browne.

« Abandonné – temporairement. »

M. Zytztz se dirigea vers Healey. "Abandonné", bruissa-t-il, et cela eut un son guttural. "Elle est abandonnée. Je la revendique comme pièce de récupération, avec vous deux comme témoins." M. Zytztz n'était que business. "C'est la loi, n'est-ce pas ?"

Healey le regarda.

"Hé bien oui."

"Voulez-vous me donner la permission d'emmener tous les Martiens à bord de votre vaisseau pour piloter le *Phoebus* ?"

"Eh bien, bien sûr, nous pouvons nous entendre, mais—"

"Alors repoussez-nous, s'il vous plaît, Amiral." M. Zytztz l'a dit avec empressement.

"Eh bien, maintenant, écoute-" Healey fronçait les sourcils.

Le capitaine Browne se dirigea vers le haut-parleur et regarda Healey. Healey soupira et acquiesça.

"Inversez les champs et préparez-vous à exécuter un virage à droite de trois heures soixante jusqu'au point final", ordonna Browne.

M. Zytztz était franchement rayonnant. "Merci, monsieur," dit-il chaleureusement. Une feuille levée en guise de salut, puis il tourna et s'enfuit dans le couloir à grande vitesse.

Les cloches se mirent à tinter, les sifflets à sonner, et des pancartes apparurent dans le couloir sur des écrans en verre dépoli : SILENCE S'IL VOUS PLAÎT ! IL N'Y A AUCUN DANGER.

Ce n'était pas une mince affaire d'arrêter un gros navire dans l'éther, surtout avec un préavis aussi brusque, et Space Travel, Inc., a affirmé que cela leur avait coûté environ quarante mille dollars pour faire un arrêt comme celui-là, en gaspillage de carburant et en dommages. à l'ameublement. Le capitaine Browne a exprimé une consolation alors qu'il se préparait :

"Peut-être que le sénateur Philipuster tombera et se foulera la voix."

"Cela relève du vœu pieux", a observé Healey.

Ils se sont arrêtés. Healey lui-même a emmené M. Zytztz et sa cinquantaine de compagnons martiens à bord de l'épave. Elle était en assez mauvais état lors de la cale arrière. Un espace aussi grand qu'une locomotive de chemin de fer montrait dans sa coque. Les choses avaient été assez bouleversées. Le système de pompage a été gravement endommagé et les conduites d'oxygène détruites, les commandes détruites, les écrans audio et vidéo morts, mais les moteurs atomiques, pour une raison quelconque, n'ont pas été blessés.

"Eh bien, M. Zytztz , cela peut être fait", a déclaré Healey après une inspection. "Il peut être réparé, et ce sera votre vaisseau, mais pensez-vous que vous pouvez le faire, les gars ? Vous n'êtes pas très doués pour des choses comme ça ? Voulez-vous que je vous envoie de l'aide ?"

"Non", a déclaré M. Zytztz d'un ton décisif. Healey savait à quoi il pensait. S'ils emmenaient un Terrien avec eux, celui-ci aurait une part égale dans le sauvetage, et M. Zytztz voulait le vaisseau pour lui et sa race uniquement.

Healey a dit : « D'accord, bonne chance » et est retourné au *Philipuster*, mais il était très attentionné.

Le sénateur a demandé à plusieurs reprises une audience sur le chemin de Jupiter, mais Healey n'avait pas l'intention d'expliquer pourquoi ils s'étaient arrêtés au plus haut de leur trajectoire, et il lui a donc échappé.

Ils ont fait escale à Jove et ont livré trois cents passagers, pour la plupart des employés d' Atompowerinc , pour travailler dans les mines d'américium, ainsi que quelques centaines de milliers de tonnes de nourriture et de fournitures, et ont embarqué un chargement de passagers qui retournaient sur Terre pour se reposer. Trois mois de travail sur Jupiter, avec sa forte gravité et son air artificiel, exigeaient qu'un homme se repose trois mois sur Terre avant de pouvoir y retourner.

Le *Philipuster* a récupéré près d'une centaine de tonnes d'américium pur et du plutonium qui avait été produit comme sous-produit.

Healey ne savait pas ce qu'ils feraient avec tout l'américium parce qu'ils affirmaient que les nouveaux moteurs atomiques atteignaient quatre-vingt-dix pour cent d'efficacité grâce à la fission atomique, et Healey savait qu'ils ne pourraient pas faire voler le *Philipuster* jusqu'à Jupiter et revenir avec pas plus d'américium qu'un homme fort ne le pourrait. porter sur son dos.

Sur le chemin vers la Terre, le capitaine Browne dit : « Pensez-vous que nous pourrions nous approcher du *Phoebus*, monsieur ?

"Nous devrions le faire," grogna Healey. "Vous avez réinitialisé le cap tous les soirs pour essayer de le respecter."

Le capitaine Browne prit une délicate nuance de vert pois. "Désolé, monsieur," dit-il.

"Passez ça. Assurez-vous simplement de ne pas les perdre."

Le capitaine Browne était un bon navigateur. Quatre-vingts jours plus tard, la vigie chantait : « Objet non identifié sur la proue tribord, monsieur. Azimut quatre degrés. Ascension deux degrés plus. Distance dix mille milles.

Healey fut amusé lorsqu'une minute plus tard, le guetteur appela le nom *du Phoebus*. Apparemment, le guetteur s'attendait également à l'apercevoir.

Le *Philipuster* renversait déjà les champs. Ils s'arrêtèrent et attachèrent le *Phoebus* sur eux et l'amiral Healey et le capitaine Browne montèrent à bord.

Les Martiens étaient heureux de les voir — M. Zytztz surtout. Ils se pressèrent tout près, et M. Zytztz offrit le bout d'une de ses feuilles et Healey la secoua fermement.

"Comment ça va?" » demanda Healey. "Tu as l'air un peu tombant."

"Très bien", a déclaré M. Zytztz . "Très gentiment."

Healey a examiné les choses. Ils avaient réparé le système d'oxygène. Ils avaient du jus dans les batteries. Ils avaient essayé de souder des plaques sur le grand trou de la cale arrière, mais ils n'avaient pas réussi à faire adhérer la pièce, ils avaient donc scellé les portes de cloison et n'utilisaient que les deux tiers avant du navire. Ils avaient essayé de réparer le système de pompage, mais la pompe principale était bloquée et nécessitait un travail de tour assez minutieux. Healey pouvait voir qu'ils avaient essayé de couper quelques bagues, mais elles ressemblaient toutes à de la ferraille. Les tours qui avaient été laissés sur le *Phoebus* étaient de toute façon des reliques.

Healey regarda à nouveau M. Zytztz . "Tu es flétri comme le diable", dit-il. "Pourquoi n'abandonnez-vous pas et retournez-vous sur Mars ? Vous céderez si vous ne le faites pas."

M. Zytztz fit face à Healey pendant un moment, puis il sembla prendre une décision. Il les conduisit dans la salle de contrôle et ils s'assirent pendant qu'il arpentait le sol, se déplaçant d'avant en arrière sur sa tige.

"Vous deux hommes," dit-il en regardant Healey et Browne, "vous avez toujours été amicaux avec nous, et vous avez fait plus pour nous aider que tous les autres réunis. Alors je suppose que je ferais aussi bien d'être franc avec vous. .... Vous pensez que nous sommes fous de vouloir autant un navire. Il fit une pause, puis un son semblable à un soupir sortit de lui. « Eh bien, je vous laisse décider par vous-même. Nous n'avons jamais raconté toute l'histoire, parce que les Terriens sont… eh bien… » Il chercha un mot délicat : « Imprévisible ».

Healey hocha sombrement la tête.

M. Zytztz se dirigea vers un hublot et regarda vers la constellation Vela. Puis il se tourna vers Healey et Browne, mais une de ses longues feuilles pointait vers le hublot.

"Nous sommes venus de là il y a onze mille ans", a-t-il déclaré.

Healey n'était pas surpris. Il s'était attendu à quelque chose de ce genre. "Autrement dit, tu veux dire tes ancêtres."

"Non", dit M. Zytztz , ses feuilles bruissant. "Je veux dire nous, les sept cent soixante-dix-sept d'entre nous qui sommes encore en vie."

Healey cligna des yeux. "C'est vrai", a déclaré Healey. "Tu m'as déjà dit que tu vivais longtemps. Mais tu ne le ferais pas si tu étais tenu à l'écart de Mars tout le temps."

Zytztz répondit : "Je ne sais pas. Je sais seulement que tant de contacts avec les humains nous fatiguent avec - pardonnez-moi - avec leur mesquinerie et leur égoïsme. Nous ne pouvons pas le supporter sans une pause."

"Vous étiez seul ici sur le *Phoebus* ."

M. Zytztz avait l'air embarrassé. "J'hésite à le dire, mais les humains laissent leur marque sur tout ce à quoi ils s'associent. Une petite partie de leurs émotions dominantes est absorbée même par le métal, etc."

"Ensuite, lorsque vous arrivez sur Mars, vous ne faites rien de mystérieux du tout", a déclaré Healey. "Sortez simplement dans le désert et reposez-vous."

"Merveilleuse détente", a déclaré M. Zytztz . "C'est tout ce que nous avons fait pendant onze mille ans sur Mars."

"Et tu n'es pas obligé de manger ?"

"En pratique, non. Nous pouvons très bien vivre une centaine d'années de vie active, en absorbant simplement l'énergie dont nous avons besoin de la lumière du soleil et de l'air. Bien sûr, la façon dont nous vivions sur Mars avant l'arrivée de *Phoebus* sommes arrivés, nous pourrions vivre éternellement.

"De quelle planète viens-tu ?" » demanda Healey en regardant par le hublot.

"La quatorzième planète de ce que vous connaissez sous le nom d'étoile Gamma Velorum . Elle ressemble beaucoup à votre Terre, physiquement parlant."

"Pourquoi diable es-tu parti ?" » demanda Browne. "Pour chercher de nouveaux numéros de téléphone ?"

M. Zytztz bruissaient doucement, comme s'il souriait. "Pas exactement. Notre conseil scientifique a entendu des rumeurs du Comité d'exploration d'une planète dans le système de Pi Centaure selon lesquelles les Terriens développaient un système social et politique hautement organisé, avec un arrangement complexe de strates en ce qui concerne les personnes elles-mêmes."

"Tu veux dire la distinction de classe ?" » dit sèchement Healey.

"Oui, c'est tout. Eh bien, voyez-vous, sur notre planète, nous n'avons jamais été enclins aux différences de position. Nous ne sommes pas un peuple très organisé. En fait, il n'y a jamais eu aucun besoin d'organisation. Nos besoins physiques sont presque nuls, donc il n'y a eu aucune incitation pour que l'un devance les autres. Mais notre comité de progrès voulait se familiariser avec le système terrestre, car nous travaillons sur la théorie selon laquelle tout ce genre a des avantages. Donc sept cent soixante-dix. - Sept d'entre nous ont été envoyés à bord d'une fusée que nous avons achetée aux robots de la Dix-huitième Planète, pour enquêter sur le système social de la Terre. »

"Attendez une minute", dit Healey en se redressant. "Avez-vous dit il y a onze mille ans ?"

M. Zytztz hocha la tête. "Nous avons atterri sur Terre et avons découvert une civilisation plutôt hautement développée – bien sûr, comparée à ce que vous avez aujourd'hui, car je n'ai pas d'autre critère. Nous avons fait connaissance…"

"Une seconde," dit brusquement Healey. "Quelle partie de la Terre as-tu visitée ?"

"Il n'y avait que deux continents qui nous intéressaient. L'un dans ce qui se trouve aujourd'hui approximativement au milieu de l'océan Atlantique et l'autre dans ce qui est aujourd'hui le Pacifique Sud-Ouest."

Healey se leva d'un bond. "Vous ne dites pas ! L'Atlantide et la Lémurie ! C'est ce que j'ai soutenu dans ma thèse il y a cinquante ans. C'est ce qui m'a valu d'être expulsé du service actif dans les Air Marines. C'est ce qui a fait de moi un paria. Ce sont les deux continents que le sénateur Selon Philipuster , ce n'étaient que des mythes ! »

"Ils étaient bien réels à l'époque", a déclaré M. Zytztz .

"Eh bien, je vais simplement être sabordé !"

CHAPITRE IX

Amis en effet !

Les yeux brillants d'impatience, Healey se rassit parce qu'il était faible à cause de l'excitation. Après toutes ces années, sa thèse de fin d'études avait été justifiée. Par M. Zytztz !

"Il n'y avait qu'une chaîne d'îles là où se trouvent vos montagnes orientales en Amérique du Nord, et il y avait quelques peuples primitifs en Égypte et dans le sud-est de l'Europe", a poursuivi M. Zytztz . "Mais les peuples de l'Atlantide et de la Lémurie, qui avaient des échanges et semblaient s'être développés simultanément, avaient une civilisation assez moderne. Ils avaient de nombreuses relations familiales, mariages, religions, etc., mais ce qui nous intéressait le plus était l'éminence. accordé aux personnes instruites, d'une part, et aux personnes qui, d'une manière ou d'une autre, avaient accumulé plus de biens qu'ils n'en avaient besoin pour leur usage personnel.

"Cela n'a pas changé", observa le capitaine Browne.

"Combien de temps es-tu resté là-bas?"

"Presque un an. Les soi-disant dirigeants nous ont pris en charge et nous ont presque convaincus que leur système était bon et que nous pourrions tirer profit de son adaptation. Ce que vous appelez parfois les tactiques de la Chambre de commerce de Californie, je crois."

"Les dirigeants de l'Atlantide nous ont pris en charge lorsque nous avons visité leur île", a déclaré M. Zytztz .

L'amiral Healey se pencha en avant. "Dites-moi juste une chose, M. Zytztz : avaient-ils vraiment le secret pour contrecarrer la gravité ?"

"Oh, oui, ils l'ont fait. Leurs méthodes de propulsion étaient rudimentaires comparées aux vôtres, mais ils avaient découvert comment contrôler la gravité de manière très compétente."

"As-tu ce secret ?"

Healey et Browne retinrent tous deux leur souffle pour obtenir la réponse.

"Eh bien, non, je ne le sais pas, mais je pense que je sais où il se trouve", dit lentement M. Zytztz .

"Pouvez-vous me le procurer?" » demanda Healey.

"Oui, je pense que oui."

Healey se détendit, ses doigts tambourinant sur le bras du fauteuil.

"Continuez", dit-il. "Comment êtes-vous resté bloqué sur Mars ? Vous aviez un vaisseau."

" J'y arrive. Nous n'étions pas satisfaits de ce que nous avions vu sur Terre. Quelque chose nous semblait, comme vous dites, bidon. Nous avons donc décidé de nous éloigner de la nervosité de la Terre et d'y réfléchir. Nous sommes partis, mais un passager clandestin des Lémuriens est arrivé presque aussitôt que nous avons décollé. Il travaillait dans l'usine où ils fabriquaient leurs avions bruts.

"Il nous a dit que nous n'avions pas du tout compris la véritable image ; qu'il y avait dix personnes malheureuses et défavorisées pour chacune des classes que nous avions connues, que la classe dirigeante nous avait délibérément mal informés et nous avait empêchés de voir la vérité. Il était peut-être un peu fanatique, mais il nous a impressionnés. Nous avons commencé à le ramener sur Terre, car évidemment il ne pouvait pas aller à Vela avec nous. Mais cela l'a excité, il s'est emparé de nos commandes ; concentré sur la puissance gravitationnelle d'un corps et soit attiré soit repoussé, il a essayé de faire les deux à la fois et les commandes sont devenues complètement détraquées.

"Très bien," souffla Healey, les yeux fixés sur M. Zytztz .

"Nous avons basculé sur une orbite autour de la Terre. Nous avons essayé diverses choses pour nous échapper, et... nous ne sommes pas très doués pour ce genre de choses, vous savez. Nous avons d'une manière ou d'une autre focalisé notre faisceau sur la Terre avec toutes les autres influences gravitationnelles annulées, et nous avons fait le tour. La Terre à une vitesse époustouflante, avec notre inertie centrifuge contrecarrant la force d'attraction du faisceau focalisé sur la Terre. Nous avons dû aller de plus en plus vite et après quelques jours, nous nous sommes approchés de la vitesse de la lumière, ce qui nous a donné une masse énorme et a tiré un peu la Terre. hors de son orbite régulière. Nous faisions le tour de la Terre à travers les pôles, et bientôt le continent maintenant connu sous le nom d'Amérique a été soulevé du fond de l'océan par notre masse, et les deux continents de la Lémurie et de l'Atlantide ont été complètement inondés par les raz-de-marée. et les deux continents ont disparu sous les eaux."

Healey inspira profondément. "Voilà donc l'histoire", dit-il enfin.

"Oui", a déclaré Browne. "Mais comment peux-tu le prouver ?"

<hr>

À cela, les feuilles de M. Zytztz se redressèrent. "Oh, je peux le prouver", a-t-il déclaré. "Nous nous sommes détachés de la Terre et avons finalement atterri sur Mars. Le passager clandestin a passé tout son temps jusqu'à sa mort par manque de nourriture à écrire les archives de la Lémurie. Il a raconté tout ce qu'il savait sur leur science, y compris le secret pour contrecarrer la gravité."

"Grande mer de feu !" » dit le capitaine Browne, et les yeux de l'amiral Healey brillaient d'un feu étrange qui n'avait pas été là depuis de nombreuses années.

Browne le regarda. "Mais est-ce que même cela suffirait à faire basculer les Space Marines ?" il a demandé à Healey.

Les yeux de Healey se plissèrent. "Il vaudrait mieux qu'il en soit ainsi. Avec toute la pression que je pourrais mettre sur le sénateur Philipuster et, à travers lui, sur le conseil de discipline - Philipuster est l'un des plus grands tireurs du monde maintenant, vous savez. Oui" - il hocha la tête avec une soudaine conviction - " nous je peux le balancer, Capitaine. Il leva soudain les yeux. « Qui a ce manuscrit ? il a demandé à M. Zytztz .

"C'est dans la tombe du Lémurien sur Mars."

Healey était debout, les yeux flamboyants à présent.

"Oh, frere!" il murmurait encore et encore : "Les choses vont éclater maintenant."

Il se tourna alors vers M. Zytztz . " Donc vous vous êtes écrasé sur Mars et vous n'avez pas pu réparer le vaisseau parce que vous n'êtes pas très doués avec les outils, et le Lémurien n'a pas vécu assez longtemps ? "

"C'est à peu près l'histoire. Le navire a rouillé malgré tout ce que nous avons pu faire et s'est progressivement désintégré."

"Et depuis, vous attendez de pouvoir rentrer chez vous en stop", a déclaré Browne.

"Qu'est ce qu'il y avait d'autre à faire?" » demanda M. Zytztz .

« Je suppose que vous avez déjà pris votre décision sur les distinctions de classe ? » Healey a dit un peu acidulé.

M. Zytztz a mis du temps à répondre. « Je pense, dit-il enfin, qu'on est encore loin de la perfection.

Healey renifla.

Browne dit pensivement : « Je peux comprendre toutes ces histoires à propos de la Lémurie, de l'antigravité, etc. "Tu n'as jamais eu de descendance sur Mars ?"

Healey imaginait que M. Zytztz souriait doucement. "Parce que nous sommes tous des hommes. Nos épouses et nos amies sont toutes de retour chez elles, dans le système Velorian ."

Browne déglutit et regarda Healey. "Eh bien, ce n'est pas étonnant qu'ils veuillent un navire", dit-il. "Après onze mille ans sur Mars, j'aimerais rentrer chez moi et élever moi-même quelques petits Zytztz ."

Healey ne put parler pendant quelques minutes. C'était donc pour cela qu'ils voulaient un bateau : pour rentrer chez eux ! Maison pour les épouses, les amoureux, les enfants et les familles. Maison! Accueillant un endroit qui ressemblait beaucoup à la Terre, après onze mille ans d'attente patiente sur l'alcali rouge de Mars.

Comme ils ont dû être extrêmement heureux de voir le *Phébus* lors de sa première descente ! Qu'ont-ils dû ressentir lorsque Healey a claqué la trappe du sas au visage de M. Zytztz !

Healey se leva. "Je suis vendu", dit-il doucement. "Je veillerai à ce que vous la fassiez entrer, Capitaine Browne !"

"Oui Monsieur."

M. Zytztz murmurait doucement : « Je vous en serai très reconnaissant.

" Capitaine Browne, envoyez-moi du matériel du *Philipuster* : un atelier d'usinage complet, une petite forge, une presse à plastique, du matériel d'acier et de laiton, de la nourriture et de l'eau. Faites une liste. Tout ce à quoi vous pouvez penser. Envoyez-nous tout. vous pouvez trouver sur le *Philipuster* , et dès que vous atteignez Havanaport , expédiez le reste vers Mars et incluez dix tonnes d'américium, cela suffira pour nous emmener – pour les emmener aux confins de l'univers et revenir.

Browne déglutit. "Dix tonnes, monsieur ? Ce truc vaut environ un million de dollars la tonne."

"J'ai trois millions de dollars de côté. Tiens, je vais vous remettre une lettre à mes avocats. Peut-être..."

M. Zytztz l'interrompit doucement. "Nous, les Zytztz, avons plusieurs millions de dollars. C'est magnifique de votre part de faire cela pour nous, mais dépensons d'abord nos fonds communs."

"Ouais," grogna Healey. "Je suppose que vous devrez le faire. Et il nous manquera encore quelques millions de dollars. Mais faites-le expédier quand même, Capitaine. Mon crédit devrait valoir quelque chose."

"Je suis prêt à vous prêter ce que j'ai, mais ce n'est pas beaucoup", a déclaré Browne. "Et Atompowerinc prendra une hypothèque sur votre âme pour le solde."

"Ne m'inquiète pas avec des détails", a déclaré Healey. "Prends les trucs."

"Oui Monsieur."

Le capitaine Browne prit la lettre de Healey et une de M. Zytztz et repassa par les sas. Bientôt, du matériel commença à circuler sur les passerelles. Tout s'est bien passé jusqu'à ce que les dix tonnes d'américium commencent à arriver dans de petites boîtes noires contenant chacune vingt-cinq livres.

Healey était un peu surpris de voir cela car il avait pensé qu'il serait nécessaire que le capitaine Browne fasse un peu de fenagling rapide sur Terre pour obtenir cela, mais apparemment Browne prenait les choses en main sur la théorie selon laquelle la possession est un assez bon titre.

CHAPITRE X

M. Zytztz va sur Mars

Browne avançait assez vite, mais le sénateur Philipuster avançait presque aussi vite. En un rien de temps, il est arrivé à bord, pas si impressionnant dans sa combinaison spatiale et son masque à oxygène.

"Je vous ferai savoir, monsieur, vous ne pouvez pas toucher à une propriété privée de cette façon", renifla-t-il après avoir enlevé son masque à oxygène avec des doigts saccadés.

te ferai savoir que je suis le maître du *Philipuster* et de tous ceux à bord", lui dit Healey. "Je considère ce carburant nécessaire pour sauver cet équipage de Martiens du désastre." Là! Il se sentait mieux. Il avait déjà blanchi Browne.

Le sénateur bafouilla. "Mais les Martiens venaient de notre propre vaisseau."

"Peut-être l'a-t-il fait, mais M. Zytztz a revendiqué le *Phoebus* comme un objet de récupération. Devant témoins."

Le sénateur a explosé. Son visage était rouge. "Mais dix tonnes d'américium—"

"Cela sera payé", a déclaré Healey.

"C'est scandaleux. Ils n'ont pas besoin de grand-chose pour aller sur Mars."

"Je le juge nécessaire pour leurs opérations de sauvetage."

M. Zytztz bougea les pieds. Le sénateur était enflé. "M. Zytztz est désormais capitaine du *Phoebus* ", dit Healey avec insistance.

Le sénateur lui lança un regard noir et devint violet. "J'aurai ton billet pour ça, espèce de fouet-vivaneau", aboya-t-il à Healey, et il traversa la passerelle d'un pas lourd.

Le *Philipuster* s'éloigna à la tête du capitaine Browne, et l'amiral Healey retroussa ses manches et se mit au travail sur le *Phoebus* . À quatre-vingt-dix ans, il n'était pas vieux, mais il n'était pas aussi jeune qu'avant et il était doux. Néanmoins, il a travaillé de très longues heures pour montrer aux Zytztz comment arranger les choses.

Lorsque ses muscles devenaient raides, il s'efforçait de les assouplir. Il a fait démarrer les pompes. Il est lui-même sorti dans une combinaison spatiale et a soudé la coque. Ils ont arraché les cloisons endommagées. Ils ont remplacé les conduites d'eau et d'air comprimé, et Healey a testé et vérifié les communications.

Les Zytztz ont travaillé sans relâche. Ils pourraient faire des choses si quelqu'un leur montrait comment. Et un jour, trois mois plus tard, ils ont remis le courant, ont sorti le *Phoebus* de sa paresse de flottement et ont décollé pour Mars. Ils ont atteint la planète rouge en six semaines et ont atterri au port spatial. Le capitaine Browne était déjà là avec un chargement de fournitures qu'il avait lui-même apporté lors d'un voyage spécial.

Il a dit à Healey que la situation financière n'était pas très bonne. Atompowerinc n'a pas encore osé refuser la livraison, mais a été ferme en exigeant le paiement intégral de l'américium. Cela inquiétait un peu Healey. Autrement dit, il craignait qu'Atompowerinc n'attache le *Phoebus* avant de pouvoir commencer le Gamma Velorum . Mais il n'en a rien dit à M. Zytztz
.

Il est allé de l'avant et a confié le *Phoebus* à une équipe de réparation du port spatial de Space Travel, Inc., afin que le *Phoebus* puisse avoir vraiment la forme d'un navire. Cela coûterait également de l'argent, mais les Zytztze ne pourraient pas entreprendre un voyage de soixante ans dans un canard rompu. Ensuite, Healey s'est mis à obtenir le titre légal du *Phoebus* au nom de M. Zytztz .

Dès que les travaux de réparation furent terminés, Healey commença les opérations de chargement. Il faudrait environ trois jours pour charger le *Phoebus* , avec des camions entrant et sortant de sa cale comme des fourmis jaunes, alors Healey a confié le travail au capitaine Browne, qui attendait les ordres, pendant que lui et M. Zytztz partaient en voyage. dans le désert pour trouver la tombe du Lémurien.

Ce n'était pas un problème. Les Zytztz avaient enterré le Lémurien dans une caverne rocheuse solide, puis l'avaient cimenté pour qu'il soit étanche à l'air. Quelques bâtons de dynamite l'ont ouvert.

Une fois la poussière dissipée, Healey et M. Zytztz sont entrés à l'intérieur.

Ils ont trouvé le corps – ou ce qu'il en restait – une légère silhouette blanche d'un squelette, formé dans la poussière d'os sur le sol rocheux. Ils trouvèrent également le cercueil en plomb que les Zytzts avaient scellé. Il contenait un manuscrit écrit à l'encre sur un parchemin fin. Environ deux cents pages, mais Healey secoua la tête en voyant l'écriture. C'était faible mais toujours lisible, mais Healey a déclaré :

"C'est presque identique aux hiéroglyphes mayas, mais cela ne nous sert à rien, car personne n'a jamais été capable de déchiffrer le maya. C'est probablement la même langue."

Healey a trouvé un cercueil en plomb contenant un manuscrit écrit en écriture fine.

M. Zytztz remuait ses feuilles. "Cela ne doit pas vous déranger. Je me souviens suffisamment de l'écriture lémurienne pour en compiler une clé. En fait, si vous me donnez un sténographe capable de comprendre mon discours, je pense que je pourrais vous traduire cela dans quelques jours. – en gros, du moins.

Healey le regarda. « Vous me demandez si vous pouvez faire ça. »

À leur retour au port spatial, Browne était inquiet. "Un homme est venu de la Terre dans le paquebot à la recherche de M. Zytztz . Il semblait être un serveur."

Healey avait l'air hagard. "Il ne doit pas trouver Zytztz . Tenez-le à l'écart. Dites-lui que M. Zytztz est allé sur Pluton pour vendre des brosses à dents aux vers de terre. Dites-lui n'importe quoi. Et préparez ce chargement. Combien de temps encore ?"

Browne secoua la tête. "En tout cas, encore deux jours, j'en ai peur. Il y a un tas de choses, monsieur."

donc isolé M. Zytztz dans un bureau à l'arrière d'une pharmacie sous le spatioport, avec un sténographe qui avait assez d'imagination pour comprendre la langue des Zytztz , pendant que lui-même allait pousser le chargement.

Mais le lendemain matin, M. Zytztz a fait dire à Healey de venir. Quand Healey arriva, M. Zytztz lui remit quatre-vingt-dix pages de copie télé-écrite.

Healey était étonné mais il n'était pas surpris. Il feuilleta le manuscrit et lorsqu'il trouva la section sur l'antigravité, il poussa un cri.

"Qu'est-ce que cela ne fera pas à des gens comme le sénateur Philipuster ", a-t-il dit en riant.

"C'est aussi simple, tu ne trouves pas ?" » demanda M. Zytztz .

Healey claqua la langue. "Beaucoup plus simple que l'énergie atomique. Et vous pouvez voir que cela devra fonctionner. Ce n'est en réalité rien d'autre qu'une adaptation électronique d'un ancien type de circuit vidéo. Ce qu'il fait, c'est pénétrer dans la puissance gravitationnelle au lieu d'essayer de la combattre."

Healey a laissé M. Zytztz caché pendant qu'il se rendait au bureau vidéo et transmettait un long message au conseil de discipline, y compris des informations sur l'antigravité, et leur demandait officiellement d'enquêter sur son affirmation selon laquelle il s'agissait d'un véritable manuscrit lémurien. C'était assez. Le conseil de discipline connaissait les angles. Ils comprendraient le tableau, mais rapidement.

Deux jours plus tard, de l'autre côté du désert, les Zytztze , au nombre de sept cent soixante-seize, affluèrent dans le *Phébus* pour rentrer chez eux. Ils les ont comptés sept fois pour être sûr, car il n'y aurait aucun remboursement pour ce voyage.

Ils venaient de terminer le septième décompte quand Healey se retourna pour faire face à un homme en costume marron.

"M. Zytztz est déjà là ?"

"Non," dit sombrement Healey. "Il n'est pas là."

"Eh bien, je suppose qu'il le sera très bientôt. On dirait que tu te prépares à décoller."

Healey grogna dans sa gorge. Il se demandait si cet homme aurait envie de faire un long voyage aller simple, mais il savait que M. Zytztz n'approuverait jamais la violence, s'il en avait connaissance.

Ils ont réchauffé le moteur, l'homme en costume marron se tenant fermement dans la salle de contrôle, même si Healey faisait de son mieux pour lui marcher dessus à chaque fois qu'il se retournait. Finalement, Healey est sorti et a récupéré Browne.

"Amenez M. Zytztz ", dit-il sombrement. "Je devrai peut-être donner une tape sur la mâchoire à cet oiseau et l'emmener avec nous, mais allez chercher M. Zytztz ! Le *Phoebus* est prêt à rouler."

"Oui, monsieur", a déclaré M. Browne avec empressement.

"Espèce de mouffette !" » dit doucement Healey. "Vous aimeriez *voir* un peu de violence."

"C'est possible", a déclaré Browne.

Healey est retourné au navire. Maintenant, il y avait un messager en costume bleu qui l'attendait.

"Signez ici, Amiral", dit-il.

Healey a signé. Il déchira l'enveloppe avec des doigts nerveux et lut l'unique feuillet :

John Healey, port spatial Care, Mars. Ont enquêté sur la revendication d'un manuscrit lémurien. Des experts en électronique vérifient le synchroniseur gravitationnel. Cette commission considère votre réclamation établie. Sur recommandation du sénateur Philipuster, vous êtes rétabli au service actif dans les Space Marines internationaux avec le grade d'amiral. Présentez-vous au travail avec la flotte Stratosphère dans les trente jours.

Jennings, capitaine,
secrétaire du conseil de discipline de l'ISM.

Healey cligna des yeux. Il l'a relu. Puis il inspira profondément et sa poitrine commença à se remplir d'un sentiment dont il avait faim depuis 2117. Il était amiral dans les Space Marines, le sixième amiral Healey.

La bonté de ce sentiment l'envahissait comme le soleil du matin, et il avait envie de le crier à tout Mars.

Mais l'homme en costume marron attendait sur le pont. Healey regarda à travers le port et vit M. Zytztz gravir rapidement la passerelle. Healey regarda l'homme en costume marron et retira son poing. Il était ironique que son premier acte en tant qu'amiral dans les Space Marines soit un acte d'anarchie qui condamnerait à jamais la mémoire des Healey .

L'homme en costume marron se tourna, le menton exactement au bon endroit. Il eut l'air perplexe face au bras retiré de Healey.

Il y eut un cri du sas. Le capitaine Browne se précipita en agitant un message.

"Ils m'ont rétabli au service actif !" il cria. "Ils rétablissent tous ceux qui étaient dans le service Rocket au moment où nous avons atterri pour la première fois sur Mars."

Il a lu le message.

POUR UN SERVICE MÉRITOIRE DANS L'AVANCEMENT DE LA CAUSE DE LA SCIENCE.

Il a frappé Healey dans le dos. "Je suis un capitaine à part entière dans les Space Marines !"

Healey se redressa et lui lança un regard noir. "Je suis votre amiral", dit-il avec raideur.

Browne déglutit, puis il se redressa et salua. "Oui, monsieur. Désolé, monsieur."

"Et en plus," dit Healey, "tu as failli me renverser." Il sourit et tendit la main. "Secouez, Capitaine !"

M. Zytztz se déplaçait avec enthousiasme dans la salle de contrôle. Il brandissait aussi des papiers.

"Ils viennent de me remettre un reçu pour toutes les fournitures et tous les travaux effectués sur le *Phoebus* . Qu'est-ce que cela signifie ?"

"M. Zytztz ?" » demanda l'homme en costume marron en lui tendant un papier à l'allure officielle.

Healey prit les premiers papiers de M. Zytztz et les numérisa. "Putain de saut—" Il s'arrêta. C'en était trop pour lui. "Le sénateur Philipuster ", dit-il finalement à Browne, "a personnellement payé ou garanti toutes les factures liées à l'équipement du *Phoebus* pour le voyage à Gamma Velorum ."

Browne le regarda fixement et sa bouche s'ouvrit. "Eh bien, je vais être saboté !" dit-il lentement.

L'homme au costume marron était déjà parti. L'amiral Healey, ISM, regarda le capitaine Browne, ISM, cligna des yeux et secoua la tête.

Browne a pris les papiers signifiés à M. Zytztz . "Je vais les faire annuler."

M. Zytztz s'approcha doucement. "Je suis très heureux pour vous deux, messieurs."

"Merci", ont-ils dit.

M. Zytztz s'agitaient et dansaient. "Vous avez été plus que gentil, Amiral. Merci beaucoup pour tout. Et ce n'est qu'un tout petit merci."

"Passez ça," dit Healey d'un ton bourru.

extrémités des feuilles de M. Zytztz prit la main du capitaine Browne.

"Vous, Capitaine, avez fait plus que votre part, bien plus."

"C'est bon," dit Browne avec désinvolture, et Healey savait qu'il était embarrassé.

Browne se tourna et dit à Healey : « Allons-y, monsieur.

Healey tendit la main à Browne. Le capitaine l'a pris avant de réaliser ce qu'il faisait, puis il a ri.

Browne a dit : « À ce soir au Spaceport Bar.

"Non, Capitaine, je suppose que non," répondit Healey. Il se tourna vers le bureau et écrivit quelque chose sur une feuille de papier. Il l'a remis à Browne. Il y avait un froncement de sourcils perplexe autour des yeux du capitaine.

"Qu'est-ce que c'est ça?"

Healey déglutit difficilement. "C'est, Capitaine, ma démission des Space Marines."

Les yeux de Browne s'ouvrirent. « Que diable dites-vous ? Êtes-vous fou, monsieur ?

"Je vais avec M. Zytztz ", a déclaré Healey.

Browne chercha aveuglément une place pour s'asseoir. Il s'assit et commença à marmonner et à secouer la tête comme pour enlever les toiles d'araignées.

"Ils doivent avoir quelqu'un", a déclaré Healey avec obstination. "Si quelque chose devait mal tourner pendant le voyage, ils seraient complètement perdus. Ils ne peuvent ni fabriquer ni réparer. Le *Phoebus* est un vieux navire. Il y aura beaucoup de petites choses qui tourneront mal. Ils doivent avoir moi. Tu ne vois pas ? Son ton était presque suppliant.

Browne le regarda. Healey savait que Browne pensait à ce jour où ils avaient planté le drapeau sur Mars, et Healey avait claqué la porte du sas au nez de M. Zytztz . Browne se leva. Il prit la démission en main, se mit au garde-à-vous, salua vivement. Il commença à parler, mais il semblait y avoir un problème avec sa gorge. Il fit volte-face et entra avec raideur dans le sas.

M. Zytztz semblait étudier Healey. "Vous pouvez le faire si vous le souhaitez, Amiral, mais ce n'est vraiment pas nécessaire."

"Vous savez très bien que c'est nécessaire", a déclaré Healey. "En plus, je pourrai peut-être trouver quelques numéros de téléphone quand nous arriverons à Vela."

M. Zytztz bruissaient doucement. "Tu seras un vieil homme quand nous rentrerons chez nous. Tu ne vivras jamais assez longtemps pour revenir sur Terre."

"Fermez les écoutilles", ordonna Healey. "Préparez-vous à décoller. C'est un long voyage."

M. Zytztz hésita. Puis une feuille levée dans un salut royal.

Ils l'ont soulevée du béton. Elle s'est inclinée de haut en bas à une vitesse fulgurante, puis, libérée de l'influence gravitationnelle de Mars, elle s'est courbée vers le bas pour suivre la trajectoire de soixante ans qui les amènerait à Gamma Velorum dans le ciel du sud.

Le lendemain, ils étaient bien au-delà d'Uranus et accéléraient toujours à une gravité constante de deux. Deux faibles messages parvinrent sur le visiophone. L'un d'eux a dit :

FÉLICITATIONS, AMIRAL, ET MEILLEURS VOEUX. Je suppose qu'il n'y a personne de plus drôle que les gens. Pickens, amiral, ISM, retraité.

L'autre dit :

JOHN HEALEY, AMIRAL, ISM, RETRAITÉ. FÉLICITATIONS POUR ÊTRE DEVENU LE SIXIÈME AMIRAL. J'aurais aimé te serrer la main, mais tu sais ce qui est le mieux. BONNE CHANCE DE LA PART DE VOTRE PÈRE. — MARK HEALEY, AMIRAL, ISM, RETRAITÉ.

Healey leva les yeux. M. Zytztz était sur le pont. Il faisait face à Vela. Ses feuilles bruissaient doucement. Il rentrait chez lui. Et à la façon dont il regardait par le hublot, Healey savait que ses yeux étaient ouverts.

Healey plia doucement le dernier message et le mit soigneusement dans sa poche de poitrine. Il s'est approché et s'est tenu à côté de M. Zytztz et a regardé vers Vela. Les yeux de Healey étaient également ouverts, mais ils étaient mouillés.

www.ingramcontent.com/pod-product-compliance
Lightning Source LLC
LaVergne TN
LVHW040323200726
843493LV00015B/2602